텍스트
기억
연습

임승유
산문집

아침달

텍스트는 그것을 쓰는 사람에게
사전에 알려져 있지 않은 대답이다.

―빌렘 플루서, 『몸짓들』

프롤로그   미원

얼마 전에 미원에 갔다가 내가 누굴 만났는지 아니? 엄마가 이런 식으로 서두를 꺼낸 적은 없어서 궁금했다. 그렇지만 미원에서 엄마가 누굴 만난 게 새삼스러운 일은 아니다. 미원은 그런 장소다. 엄마가 태어나 살던 마을에 가려면 그곳을 거쳐야 한다. 내가 태어나 살던 마을에 가기 위해서도 마찬가지다. 그날도 식당에서 밥을 먹고 있는데 누가 찾아왔더란다. 제가 누구누구인데, 잠깐 가게 문을 닫고 와서 금방 가봐야 하는데, 혹시 식사를 마치고 차 한잔하러 들러주실 수 있느냐고. 엄마는 가게 이름을 기억했다가 찾아갔고 창밖으로 뉘엿뉘엿 해가 질 때까지 이야기를 나누다 돌아왔다고 했다.

책 한 권 분량의 산문을 쓰기로 해놓고 막상 시작하기가 어려웠다. 시작하고 나면 돌이킬 수 없으니까. 이야기는 한 번 꺼내놓으면 중간에 멈출 수 없다는 점에서 그랬고, 사실 더 신경 쓰였던 건 첫 문장이다. 첫 문장이 시작되면 다음부터는 그 문장이 끌고 가게 된다는 걸 모르지 않아서. 이야기 차원에서든 문장 차원에서든 일단 시작을 해야 했지만 스스로 자리를 꿰어 차는 첫 문장을 만나기까지는 시간이 필요했다.

  시작했어?

  아직 몸을 만들지 못했어.

  친구들과 그런 대화를 나누는 상태로 여름을 보내고 가을을 보냈다.

엄마는 처음엔 그 애가 내 친구라고는 생각하지 못했고 오히려 내 바로 밑에 동생 친구인 줄 알았다고 했다. 나중에 언니가 만날 그 언니 집에 가서 살았다는 말을 동생이 해줘서 그런가보다 했다고. 그러니까 나는 그 애를 잘 아는 게 맞다. 그 애가 미원에서 가게를 하는지 몰랐고, 지나다가 스치듯 본 늙은 내 엄마를 모른 척하지 않음으로써 내게 소식을 전했다는 것도 뒤늦게야 알았지만 말이다. 내가 동네에서 이사를 나온 후 몇 년간 우리는 편지를 나눴다. 얼마나 자주 나눴는지는 집 안 어딘가에 있을 편지 상자를 열어보면 알 것이다. 그리고 나는 이번 작업에서 분량이 가장 길었던 「집」을 쓰면서 그 애의 도움을 받았다. 집이 없어졌는데 나는 집에 대해 글을 써야만 했고 그래서 그 애가 나를 데리고 집집마다 돌아다니는 그런 글을 쓴 것이다. 나는 쓰면서도 그 애가 세상에 실제로 있는 건지 아닌지 헷갈리게 썼다. 일부러 그런 건 아니고 쓰다 보니 그 애가 있다고 할 수 있을지 자신이 없었기 때문이다.

책상 앞에 앉는 시간을 지연할 대로 지연하고 나서야 나는 첫 문장을 쓸 수 있었다. 열거법의 도움을 받아 두 편의 글을 써냈다. 그런 다음에 「빨래」를 쓰고 「식물들」을 쓰고 「집」을 썼다. 글을 쓰면서 내가 하고 있는 작업이 무엇인지 어렴풋하게나마 알 것 같은 순간이 있었고 '텍스트 기억 연습'이라는 제목을 적어놓았다. 내가 문장으로 기억을 불러내는 것이 아니라 기억 스스로가 문장이 되는, 서술 방식을 찾아가는, 그런 글을 쓰려 한다는 의미를 담아서. 여기 묶은 글들을 쓰면서 나는 기억을 겪었다. 과거에 있었던 일들을 다시 겪었다기보다 문장이 쓰여지는 그 질감으로 겪었다. 엄마가 그 애를 만났다는 얘기는 텍스트 이후의 것이다. 이렇게 기억과 연습을 뒤섞는다. 나는 침대 밑에서 편지 상자를 꺼내야 하는지도 모른다. 아니면 더 구체적으로 몸을 움직여 그 가게를 찾아가봐야 하는지도. 그 애는 이제 애가 아니고 나처럼 나이를 먹었을 텐데, 그럼 그이 정도로는 불러줘야 하는데 그게 잘 안 된다. 그 애를 그이라고 부르게 되는 건 시간의 문제는 아닌 것이다.

산문집 작업을 하면서 알게 된 것들도 있다. 산문을 쓴다는 건 문장을 계속 고치는 과정이라는 것. 단숨에 완성되는 그런 건 없었다. 나중에는 그 고치는 과정을 즐겼다. 얼마 써놓은 것도 없으면서 문장을 고치려고 몇 시간씩 책상 앞에 앉아 있기도 했다. 그리고 또 한 가지 알게 된 건 퇴고는 결코 끝나지 않는다는 것이다. 결국

나는 그 사실을 받아들였다. 그걸 받아들이지 않았더라면 프롤로그를 쓰는 지금은 없었을 것이다. 정말 나는 내가 책 한 권 분량의 산문을 쓸 수 있을 거라고 생각하지 않았다. 그렇게 길게 세상에 내놓을 수 있는 얘기가 있다고도 생각하지 않았고 설령 그런 게 있다고 해도 누가 읽어줄 거라는 생각을 할 수 없었다. 그런데도 썼고 쓰지 않았다면 몰랐을 장소들을 알게 되었으며 거기서 한동안 살았다. 여기서 마침표를 찍어야 하는데 또 다른 장소, 미원이 텍스트를 물고 늘어진다.

목차

프롤로그

미원　　　　　　　　7

1부 장면

열거법 1　　　　　　19
전미래　　　　　　　24
빨래　　　　　　　　25
식물들　　　　　　　41
집　　　　　　　　　58

2부 사물

우산 걱정　　　　　　89
집에서 입는 옷　　　　94
좋은 기억　　　　　　98
연필을 주워서　　　　102
손수건 사용　　　　　106
맥주를 안 마시다　　　109
구례, 구례　　　　　　110
겨울 꿈　　　　　　　114

3부 소설

협소한 세계	123
소설 문장	127
잘 지내고 있어	132
열거법 2	140
반복이지만 괜찮아	146
빛, 그늘	151
넌 이름이 뭐야?	156
뭔가가 되어야겠다는 생각을 하지 않아도 된다면, 아마도 그게 가장 좋을 텐데	164

4부 사람

계절 기억	173
물질과 잠	178
살리는 반복	183
마음에 드는 문장	188
어느 정도 거짓	192
우리에게 일어나는 일	197
나만 알고 지내는 사람	198

에필로그
남겨놓은 것 205

1부

장면

열거법 1

여자애에 대해 뭔가를 쓰게 된다면 열거법으로 써야지, 그런 생각을 해오고 있었다. 며칠 전에도 혼자 천변을 걷다가 그 생각이 떠올랐고, 앞으로 내달리는 개를 쫓아가느라 나를 앞질러 가는 사람의 뒷모습을 보면서 나도 뒤쫓아 달려갈 게 남아 있는데, 중얼거리기까지 했다. 어젯밤에는 정말 열거법으로 문장을 써볼 마음이 생겨서 책상 앞에 앉게 됐고 그것만으로도 뭔가 될 것 같은 기분이 들어 발톱을 깎았다. 나는 늘 발톱 깎을 때가 됐다면서도 미루는 습관이 있고 더 미루면서 조금씩 불안해지지만 몸을 둥글게 말아 발톱을 깎게 되지는 않아서 늘 할 게 남아 있는 사람으로 지냈는데 어젯밤에는 기분 좋게 발톱을 깎을 수 있었다. 미루던 발톱을 깎아서 기분 좋아진 내가 그다음에 무엇을 했는지는 기억나지 않는다.

아, 기억났다. 왜 발톱 깎는 얘기를 했는지. 오늘은 진짜 그 여자애에 대한 문장을 시작하기로 마음먹었고 아침부터 어떻게 시작할지 고민하다가 또 열거법이 떠올랐다. 아직 아무것도 쓰지 않았어. 쓰지 않은 거기서부터 시작하면 되잖아, 중얼거리며 책상 앞에 앉았다. 첫 문장을 쓸 수 있었다. 이제부터 본격적으로 문장을 적어나갈 수 있겠다는 생각이 들자 됐다, 됐다 그러면서 손톱을 깎기 시작했다. 본격적으로 글을 쓰기 위해서는 손톱을 깎아야 하니까. 왼손 중지까지 깎다가 어젯밤에는 발톱을 깎았다는 게 생각났고 그다음에 뭘 했는지 곰곰 생각해봤지만 도무지 생각이 나지 않아서 남은 손톱을 마저 깎았다.

며칠 전에는 이런 일도 있었다. 최근에 시집을 낸 시인의 시를 읽다가 이 시집 정말 좋잖아, 혼잣말을 했고 그러면 혼잣말이 아니라 누군가와 대화를 나누는 장면으로 그 여자애에 대한 문장을 시작해보자고도 생각했다. 그리고 오늘은 정말로 시작했다. 이 시집 정말 좋지 않아? 좋지. 딴 얘기 하다가 슬쩍 진짜 얘기를 꺼내놓을 때면 심장이 막 두근거려서 일단 멈추게 돼. 그렇다니까. 그런데 넌 언제 내 얘기를 시작할 건데? 여자애가 결국은 그런 말을 꺼내놓는다. 대화로 시작하길 잘했다. 대화로 시작하니까 발톱이나 손톱 같은 얘기가 안 나오고 여자애가 말하기 시작한 것이다. 두고 온 여자애.

그날 체육대회가 끝나서 다른 날보다 일찍 귀가하던, 친구들과 마을 입구에서 헤어져 저기 집이 보이는 데까지 걸어가던, 막 다리를 건너려는데 대문 앞에 사람들이 분주하게 오가고 그럴 리가 없는데 왜 사람들이 우리 집으로 들어가고 나오고 몇 사람씩 모여서 수군대고 그러지, 불안해하던. 그 여자애의 뒤를 따라 집으로 들어서면 엄마가 보이고 동생이 보이고 아는 아주머니가 아는 언니가 아는 닭들이 마당을 수돗가를 헛간을, 헛간에서 뒹굴고 있는 술병과 대접과 농약, 나는 그 여자애가 그것을 봤는지 알지 못한다. 나중에 엄마한테서 들어 알고 있는 건지, 동생이 그 말을 해준 건지 아니면 정말 그 여자애가 봤기 때문에 내가 알고 있는 건지 기억나지 않는다. 세숫비누처럼 쥐에게 갉아 먹힌 여자애 기억 속에다 대고 무슨 말을 할까. 나는 그저 여자애의 등을 떠밀어 방으로 들여보내고, 여자애를 벽에 기대어 앉혀놓고, 여자애가 이불에 얼굴을 파묻고 잠드는 데까지 지켜보았다고. 잠들어버린 그 여자애를 두고 나는 미래로 와버렸다.

열거법으로는 밖에서 안으로 들어가는 게 가능하지 않다. 나는 그 여자애의 내면으로는 들어갈 수가 없다. 그 일이 일어난 날 마을 사람들이 우리 집을 막 드나들기는 했지만 방 안으로는 들어가지 않았던 것처럼. 그렇더라도 열거법을 쓰니까 한 호흡으로 거기까지 다녀올 수 있었다. 그리고 깨달았다. 여자애를 어떻게 함으로써 살아남았다는 것을. "살아남기를 좋아하면 상처가 된다." 언젠가 읽은 책에서 보고 영영 뇌리에 박혀버린 문장이다. 살아남았다는 사실을 드러내지 않고서 문장을 적으면 그건 거짓말이 되니까 나는 열거법 이야기를 한다. 그 여자애한테 눈을 감으면 된다고, 눈을 감을 수 있을 만큼 감고 나면 모든 게 끝나 있을 거라고 속삭인 후에, 그 집에서 걸어 나오려고 발톱을 깎고 손톱을 깎고. 집안 어른이 죽은 아버지의 염을 할 때도 손톱과 발톱을 깎아 삼베 주머니에 넣어주고 그랬나.

쓰다 보니 아버지의 손톱 발톱까지 생각이 미치고, 미치지 않고서야 그런 말을 잘도 주워섬긴다고 나는 나를 비난하고 나서야 이 글은 끝날 건가. 나를 충분히 비난하고 나면 여자애가 그 깊은 잠에서 깨어나 아무 일도 없었다는 듯이 세수를 하고 머리를 감고 옷을 갈아입고 체육대회가 끝난 학교에 가게 될까. 등 뒤에서 친구가 그동안 학교에 왜 안 나왔어? 라고 물어볼 때 뒤돌아서서 응 아버지가 돌아가셨어, 라는 말을 하게 될까. 안 들은 척 뛰어서 도망치는 대신. 문구점 바닥에 떨어져 있던 금색 샤프를 몰래 주워 집으로 가져와서는 누가 볼까 책상 서랍 깊숙한 곳에 숨겨놓고 그러지는 않았을지도 몰라.

아직도 어떻게 하면 그 여자애를 집으로 들여보낼 수 있는지 방법을 모른다. 그런데 해보고 싶다. 그러려면 다리를 건너 집 안으로 들어가 뭐가 어떻게 된 건지 살펴보고 눈을 질끈 감지 말고 그 모든 걸 똑바로 보면서 밤을 새웠어야 했을 텐데. 나는 시간을 삭제했다. 당시를 삭제했다. 그래서 과거가 남아 있지 않다. 커다란 구멍. 시간을 삭제했기 때문에 나는 살아남았고 그 여자애는 거기서 계속 잠을 자고 있다. 커다란 구멍. 열거법은 구멍에 빠지지 않는 방법 중 하나야. 열거법을 쓰는 동안에는 문장에 속도가 붙지. 눈을 질끈 감고 막 내달려 장면에서 빠져나올 수 있어.

시간의 커다란 구멍 속에서 여자애가 나를 빤히 쳐다본다. 빛이 끼어들지 못하도록 빤히 쳐다본다.

전미래

네가 체육대회를 마치고 동네로 들어와 늘 건너던 그 다리를 건너 집에 도착했을 때는 이미 나는 이 세상에 없을 거야.

이미 없을 거야, 라는 문장을 그가 떠올리다가 죽었을 거라는 생각은 불가능하다. 그럼에도 생각을 해보게 되는 건 '전미래'라는 개념을 연습해보고 싶어서다. 클로디 윈징게르의 『내 식탁 위의 개』에는 다음과 같은 문장이 나온다.

> 전미래 시제와 조건법 현재 시제 중에서 어떤 시제로 쏠까, 오랫동안 고민했지. 그건 서로 상이한 두 개의 음악이니까. 결론적으로 전미래는 너무 어른스러운 면이 있어서 치워 두었어.[1]

전미래에 접근하려면 먼저 '미래'라는 단어를 통과해야 한다. 미래는 아직 오지 않은 것을 지시할 때 쓰는 말이다. 순서상 "늘 건너던 그 다리를 건너" 집에 도착하는 일은 미래다. 전미래 다음인 것이다. 이미 일어난 일들이 미래로 지연되는 듯한 효과가 발생한다. 나는 거기에 매달려 보기 위해 소설 속 '나'가 치워 둔 '전미래'를 가져다가 문장을 연습했다.

---

1 클로디 윈징게르, 김미정 옮김, 『내 식탁 위의 개』, 민음사, 2023, 369쪽.

빨래

1

그 장면으로 바로 들어갈 수는 없다. 언제든 마음만 먹으면 갈 수 있을 거라 생각한 적도 있지만 오래됐다. 그래서 도착 방법을 모색 중이다. 속도에 집중해 빨리 도착하는 방법도 있고 어차피 늦은 거 두리번거리며 가느라 한나절은 걸릴 수도 있다. 여름이고 길가엔 덤불이 우거져 있고……. 연결어미를 사용해 문장을 끊지 않고 이어놓으면 이어진다는 느낌 때문에 더 늦게 도착하는 것 같지만 생각보다 빨리 도착할 수 있다. 리듬감을 장착하고 가는 거라서 언제 도착했는지도 모르게 도착할 수 있다. 멈춰서 곱씹어보고, 멈춰서 주변을 둘러보고, 멈춰서 살갗을 들춰내 그 안에 움츠리고 있는 생살을 들여다보는 행위를 안 해도 된다. 나는 생략과 압축과 반복으로 이루어진 문장을 선호하는 편이다. 그런 식의 진행을 몸에 익힌 덕분에 공포에 잡아먹히지 않을 수 있었다. 공포가 주성분인 현실을 딛고 있더라도 문장에서는 다르고 싶었다. 보폭이 큰 문장을 만들어 여백을 만들려고 했다. 그 여백에 무엇이 있을지 상상하는 건 나중의 일이 되게. 나는 그런 식으로 살아남으려 했고 그렇더라도 여름이다, 여름 길가엔 덤불이 우거져 있다, 덤불 더 안쪽으로는 산울타리가 둘러서 있다, 산울타리를 따라 걸어가다가, 이런 식으로 앞 문장에 나온 단어들을 한 번씩 더 반복하면서 연쇄적으로 진행시키면 그야말로 산으로 갈 수 있다. 역시 리듬감이 있어서 이 방식을 좋아하고 게다가 산울타리 너머에 뭐가 있는지 확인할 수도 있지만 그렇게 가다가는 오늘 안으로 도착하지 못한다.

그 장면을 향해 출발할 때는 색깔이라든지 배치라든지 하다못해 흐르는 물에 닿는 햇살의 반짝임 같은 시각적인 이미지를 떠올렸다. 그런데 마을에 가까워질수록 감각하게 되는 건 소리다. 소리가 달라붙은 풍경이 덩어리로 나타났다. 그냥 덤불인 줄 알았는데 새가 무슨 열매처럼 매달린 덤불이 나오고, 한 마리 새인 줄 알았는데 그야말로 새들이 떼로 몰려 있다. 한 마리 새가 내는 소리는 그런가보다 하면서 지나칠 수 있는데 여러 마리가 한꺼번에 내는 소리는 어떤 징조를 미리 드러내는 듯해서 그냥 지나칠 수가 없다. 발을 쿵쿵 구르며 소리를 지른다면 새들이 한꺼번에 날아오르겠지 생각만 했는데 나는 어느새 발을 구르고 있고 새들은 날아오르고 있다. 날아오른 새들이 어떻게 되는지 안 쳐다본 건 아닌데 어떻게 됐는지 알 수가 없다. 내가 자꾸 딴생각을 하기 때문이다. 딴생각을 하고 있다는 건 구르던 두 발을 내려다보면서 알았다. 여기서 뭘 하는 거지? 질문을 던지고 그 질문을 향해 걸어가면 이제 그만 도착해도 된다고, 저기 다리 아래, 애들이 아까부터 모여 있다고.

물 흐르는 소리, 조금 더 다가가면 물소리를 밀어내는 말소리, 물살에 닿았다가 튀어 오르는 햇살처럼 말소리가 들려온다.

여름에 비가 오고 물살이 생기면 바닥에 낀 물때가 씻겨 나간다. 여자애들이 개울로 몰려들어, 그중 나이가 좀 있다 싶은 애가 물 한가운데로 들어가 우묵하게 물이 모여들 수 있도록 커다란 돌멩이는 골라내고 작은 돌멩이들은 남겨두면서, 가져온 옷가지를 헹굴 수 있는 공간을 만든다. 어떤 애는 바구니 한가득, 어떤 애는 집안 어른들 몰래 가져오기라도 한 듯 몇 개 안 되는 걸 가져와서, 바구니 한가득 가져온 애가 다 끝낼 때까지, 헹궜던 걸 또 헹구는 행위를 반복한다. 여름에 비가 오면 들판에 풀들이 웃자라듯이 여자애들이 개울에 모여 고개를 숙였다가 고개를 들었다가 한다. 시간은 그렇게 흐른다는 듯이. 옷가지 하나를 헹구면 다음 옷가지가 있고, 하루 다음에는 또 하루가, 한 계절이 가고 나면 다음 계절이 온다는 듯이. 나는 그렇게 그 장면에서 멀어졌다가 다시 장면 속으로 들어왔다.

여기는 내가 있었던 곳이다. 내가 자주 딴생각을 해서 주변 사람들에게 신뢰를 주지 못한다는 사실을 모르지 않지만 그래도 내가 여기 있었고 여기에 있었다는 사실을 늘 잊지 않고 있었는데.

나는 여기에 있는 것 같지가 않다.

오늘은 주말이니까 다들 모여서 재미난 얘기들을 나누겠지. 물은 멈추지 않으니까 흐르는 물소리에 주고받는 얘기가 씻겨나가겠지. 무슨 얘기든 꺼내놓을 수 있겠지. 어떤 이야기는 시간이 지난 후에도 남아 깨끗하게 반복된다. 어떤 일들은 불가능하다.

노부부 귀가 어둡다네

그 집 자두가 익었다네

달밤을 틈타

몇몇 애가 스며들었다네

이상하게도 노부부의 뒤뜰에 스며들었다가 아직까지 나오지 못한 애가 있는 것만 같다. 익은 자두가 떨어지며 풍기던 냄새에 섞여들어 시간이 지남에 따라 어딘가로 흩어진 것만 같다. 이렇게까지 이야기가 흘러가버리면 어제 비가 너무 많이 온 게 되고, 여자애들은 말을 너무 많이 한 게 되고, 그런 가운데 갑자기 날이 흐려지면서 저기 다리 위로 누군가의 부친 되는 사람이 곧 무슨 일이라도 저지를 것 같은 표정으로 휘청휘청 나타난다면 여자애들을 놀라운 침묵 속에 빠뜨릴 수 있다.

2

자려고 누웠다가 서랍장에서 흰옷을 모두 꺼내 세면장으로 가져갔다. 흰옷을 흰 옷으로 만들고 싶다는 생각에 잠을 이룰 수가 없었는데, 그건 낮에 있었던 일 때문이었다. 길에서 후배를 만났는데 흰 티셔츠에 베이지색 면바지 차림이었다. 군더더기 없는 그 모습에 눈길을 주고 말았고 급기야 한밤중에 자려고 누웠다가 벌떡 일어난 것이다. 흰옷을 저렇게 입을 수 있구나. 나한테도 흰옷이 있지만 어쩐지 흰 옷에서 멀어진 흰옷이라 뭔가 되돌리고 싶은 심정이었다. 대야에 수돗물을 받은 후에 표백제를 부었다. 세제도 섞어 휘휘 저은 후에 옷을 담가놓고 방으로 들어와 잠들었다. 거기까지는 기억이 나는데 이후에 어떻게 됐는지 잊었다. 아침에 늦게 일어나는 바람에 정신없이 출근했다가 저녁에는 모임에 참석하고 그래서 집에 돌아왔을 때는 세면장 한구석에 놓인 대야를 보고도 안 본 것처럼 굴었을 것이다. 아니면 며칠이 지났는데도 생각보다 흰 옷이 되지 않았다는 사실에 실망했을 수도 있다. 이십 대 중반 막 직장 생활을 시작했던 소읍에서 지낼 때 일이다. 이후로도 가끔 대야에 담겨 있던 옷들이 생각난다. 수고로움을 감수하면 뭔가 달라질 거라는 생각에 한 번 빠지면 그걸 시도하지 않고는 못 배기는, 그런 습성이 나에게 있다는 사실을 나중에 받아들이게 됐고, 그렇게 되기까지는 몇 번의 반복을 거쳐야 했다. 대야에 담겨 있던 흰옷을 떠올리면 그걸 시작하지 말았어야 했다거나 시작했다면 잘 끝냈어야 했다거나, 그런 생각이 든다. 빨래를 해서 세면장 문을 열고 나와 빨랫줄에 옷을 널고 있는 장면은 어디서 많이 본 장면이다. 내가 그런 장면 속에 들어간 적 있었나 생각해본다. 있었을 테지만 없는 거나 마찬가지다. 나는 대야에 담겨 있던 흰옷에 거품을 내서 치대고 헹군 후에 꾹 짜서 세면장 밖으로 나온다. 세면장에서 빠져나와 마당으로 걸어가는 일은 늘 요원해서 문을 열면 자그마한 건조대가 놓여 있는 좁은 거실이었고 거기서 다시 문을 열면 복도였고 그다음에는 빨래를 내다 널기에는 너무나 공적인 장소였다. 사람들이 막 차를 대고 유아차를 끌고 다니는 가운데 배드민턴을 치는 사람도 있다. 퇴근하고 와서 대야에 담가놓은 옷을 헹구는 나를 아직 그 장면에서 꺼내지 못하는 데는 무슨 이유가 있는 듯했지만 문을 열고 나온 후에는 자꾸만 그 사실을 잊었다.

3

웅덩이라 하기엔 크고 저수지라 하기엔 작은 그런 곳에 여자들이 쪼그려 앉아 있었다. 김이 모락모락 나고 있었다. 이렇게 추운 겨울에 김이 모락모락 나다니, 그 장면을 떠올릴 때마다 그 부분이 이상했다. 하지만 그 이상한 점 때문에 잊혀지지 않고 계속해서 떠올리는 장면이 되었다. 엄마가 여자들 속 한 여자로 빨래하는 모습은 아주 오랫동안 아릿한 장면으로 남아 있는데, 내가 그 장면을 아름답게 기억하면 할수록 나는 뭔가 잘못하고 있는 기분이 들었다. 내가 마을을 떠나지 않고 살아간다면 저 장면 속 한 여자가 되겠구나. 다른 건 모르겠지만 적어도 장면에서 비껴나 그걸 관찰했다가 나중에 장면 속 여자들보다 나이를 훨씬 더 많이 먹은 후에도 그걸 기억하며 그게 뭐였을까, 뭐였는지 알아보려고 문장을 적었다가 지웠다가 하지는 않았을 것이고, 일이 그렇게 진행되었다면 어땠을까, 그랬다면 나는 엄마들이 겨울 물에 손을 집어넣었다가 빼면 깨끗해지는 빨래와 같았을 것이다. 엄마 나도 저기서 빨래하고 싶어. 그러고 싶어? 저기가 그래도 생각보다 꽤 깊어. 미끄러지면 큰일 난다. 미끄러지면 큰일 난다던 그 웅덩이에서 사람이 잘못됐다는 얘기는 들은 적이 없다. 오히려 내가 아는 애 아버지가 웅덩이를 메워 배추를 심기 시작했다는 사실은 내가 동네를 떠난 후에야 들었다. 세상에 그 김이 모락모락 나는 웅덩이를, 동네 여자들이 다 둘러앉아도 남을 만한 그 웅덩이를, 아카시아 나무로 둘러싸여 있던 그 아름다운 웅덩이를, 며칠에 걸쳐 메워서 배추밭으로 만들다니, 참 아름다움이라고는 모르는 남자네, 실은 이렇게 끝나버린 이야기다. 나중에 그 웅덩이를 찾아간 적 있었다. 실제 밭으로 변해버린 그곳은 어떻게 그런 곳에 그처럼 아늑한 웅덩이가 있었던 거지, 의문이 들게 했다. 그러니까 내가 나중에 실제로 가본 장소와 내 기억 속에서 되풀이되는 장소는 같은 데가 아니게 된다. 기억 속 장소는 실제 있었던 어떤 것들은 소거되고 특정한 세부가 점점 선명해지면서 장면 전체를 잡아먹어 추상화되는 장소다. 특정 부분이 강조되어 아예 다른 곳이 되어버릴지도 모른다는 두려움에 다른 세부를 떠올려보는 행위를 반복한 결과 이상하게 빗겨난 장소가 된다.

그 웅덩이에 엄마 혼자 앉아서 빨래하던 장면을 내가 숨겨놓고 있었다는 사실을 이 글을 쓰면서 알게 된다. 겨울이었고 날이 어두워질 무렵이었으며 뭔가를 들고 대문을 빠져나가는 뒷모습을 쫓아 따라갔을 때 엄마가 도착한 곳이 그곳이었다. 그녀가 혼자 앉아 있는 그곳이 아름다운 곳은 아니었다. 조금은 무섭기도 했다.

4

겨울에 빨래하는 여자가 등장하는 강성은 시인의 시 「Ghost」를 다시 찾아 읽었다. 빨래하는 여자가 자신이 빨래하는 여자라는 사실을 자각하는 순간, 즉 서사의 정점에서 서정의 정점으로 옮겨가는 그 순간에 모습을 드러내는 유령이라는 존재를 마주하면서 나는 더욱 엄마를 그 웅덩이 앞에 내버려두면 안 된다고 생각한다.

5

거울을 바라보고 서 있던 여자아이가 교복 셔츠를 벗어 물에 헹군다. 셔츠에 응고되어 있던 피가 물에 녹아 나오는 장면이 클로즈업된다. 여자애들은 핏물에 익숙하다. 피 묻은 옷에서 핏물이 새어 나올 때 나는 비린내에 익숙하다. 그 여자애가 사람을 죽이고 들어온 건지 죽은 사람을 만지고 들어온 건지 아직 모른다. 흰 세면대의 물이 점점 진해지는 가운데, 셔츠를 비비던 손이 멈춘다. 핏물에 잠긴 손은 다음에 해야 할 일을 생각하는 듯하다. 살인 여부와는 별개로 나는 이 장면에 집중했는데, 자신이 밖에서 묻히고 들어온 흔적을 지우려는 행위와 자신의 몸에서 배출한 흔적을 지우려는 행위가 어떻게 다를지 생각하느라 그랬다. 남의 피를 묻히고 들어와 그걸 빨면서 핏물에 손을 담그게 되는 일은 흔하지 않다. 자기 몸에서 정기적으로 배출되는 피가 묻은 옷을 빨면서 핏물에 손을 담그는 일은 흔하다. 흔하지만 쉽게 익숙해지지 않는 점도 특징적이다. 자기 몸에서 나온 분비물이 묻은 옷을 빠는 사람도 있다. 빨지 않는 사람도 있다. 쭈그려 앉아 빨 수도 있고 서서 빨 수도 있다. 한 번도 자기가 벗어놓은 옷을 빨 생각 같은 건 안 해보고 죽는 사람도 있겠지. 그런 종류의 사람들이 있다는 건 어딘지 너무 이상하지만 세상에는 그런 사람들이 있다. 또 누군가가 빨아주는 옷을 입고 자라는 시절을 누구나 겪는다. 죽을 때도 마찬가지다. 이런 당연한 문장을 적어나가는 이 손도 핏물에 적신 적 있는 손이다. 나는 드라마 작가가 저 교복 입은 여자애를 어디까지 데려가려고 하는지 지켜보고 있다. 어디로든 데려가 줄 거라는 믿음은 있다. 서사의 진행은 작가에게 맡기고 나는 서사 진행 과정에 노출된 이미지를 붙들고 늘어진다. 그 이미지의 중심 오브제였던 손, 내가 그 손을 이쪽으로 가져와 그 손으로 문장을 적는다. 적다 말고 삶아놓은 귀리와 씻어놓은 생쌀을 물에 뒤섞어 헹군 후 압력밥솥에 안친다. 그러려고 한 건 아닌데 이 손으로 했던 또 다른 일이 생각난다. 혼자 원룸을 얻어 살 때 냉장고가 고장 나는 바람에 냉동실에 얼려놓았던 고기를 처치할 방법을 생각하다가 화초를 심은 화분에 묻은 적이 있다. 기억은 끄집어내자마자 상한다. 아주 부패하기 전에 다시 묻어야 한다. 나는 묻은 적이 있고 묻었던 걸 파내면서 문장을 적고 있다.

6

네 살 많은 남자 형제가 고등학교에 다니기 위해 도시에 있는 친척집에 살았던 때, 여름방학이 되어 놀러 간 적 있었고, 친척 아주머니가 나에게 남자 형제의 운동화를 건네주며 빨라고 해서 수돗가에 쭈그려 앉아 운동화에 비누칠을 한 적 있었다. 나중에까지 나는 이 장면을 자주 떠올리며 곱씹었다. 운동화를 받아 들고 수돗가에 쭈그려 앉기까지는 시간이 걸렸는데 잠깐 그 상황을 이해하지 못해서였고 이해하지 못하면서도 결국에는 무릎을 접게 될 거라는 걸 그 짧은 순간 예감했기 때문이다. 예감의 반복을 통해 나는 나에게 어울리는 아니 요구되는 처신을 학습했다. 그때나 지금이나 나는 그걸 못했다. 운동화를 집어 던지고 그 자리를 벗어나는 행위를. 너무 벗어나고 싶은 순간에 놓이면 그 자리에 얼어붙는다. 상황이 벌어지던 그 장면 속에서도 그랬고 그걸 문장으로 옮기고 있는 지금도 그렇다. 다른 아무 생각도 나지 않아서 그 자리에 멈춰 있다.

7

아버지 장례를 치르고 도시로 이사를 나왔을 때 엄마는 자식 넷을 먹이고 입히고 공부시키느라 혼이 빠져 있었는데, 그 와중에도 남편의 죽음이 당신 아들에게 미칠 영향을 어떻게든 끊으려 했고 신기가 있다고 소문난 아주머니를 소개받았다. 그 집으로 보름에 한 번 제철 과일과 돈 봉투를 들고 다니기 시작했다. 처음엔 엄마가 직접 다녔지만 점점 시간이 없어진 엄마는 나에게 그 일을 대신 시켰다. 신기 있다는 아주머니는 나나 내 동생들을 자주 칭찬했는데 기특하다는 게 그 이유였다. 그 시절 나와 동생들은 눈치가 있었고 몸을 재게 놀려야 한다는 걸 알고 있었기 때문에 그런 말을 듣는 건 당연한 일이었다. 당연한 일은 그다음 당연한 일을 불러들인다. 볕이 좋았던 어느 날 그 신기 있다는 아주머니가 나에게 빨래를 시켰다. 어른 남자의 분비물이 묻은 하얀색 속옷을 들고 나는 또 한 번 수돗가에서 꼼짝도 못하는 상황에 놓여 있었다. 어쩌자고 이걸, 나한테 이걸, 그러면서 비누칠을 해서 박박 문지르다가 물에 헹구기를 반복했다. 그러니까 나는 문장을 적기 시작하면 이런 문장을 적게 되는 것이다.

8

엄마는 모른다. 엄마가 없는 곳에서 엄마의 딸이 무엇을 겪었는지. 아니 문장은 왜 이렇게 뒤도 안 보고 먼저 앞서가는지. 엄마가 모를 리 없는데. 누군가의 딸이었던 엄마가 모를 리 없고 그렇지만 나는 엄마가 그런 상황에 놓인 적 없던 여자아이였기를 바란다. 내가 떠올리는 과거 장면 속 엄마보다 지금의 내가 나이를 더 먹어서인지 기억 속에서 여자아이는 어느 순간 둘이 되어버린다. 자라서 나의 엄마가 되는 여자아이의 손을 잡고 골목을 달려 나가는 장면은 문장이 앞서가면서 만들어내는 환상이지만 여름에 비가 많이 와서 물이 불어난 개울가로 같이 가는 두 여자는 내가 기억하는 장면 속에 있다.

평소에 졸졸 흘러가던 개울이 비가 와서 콸콸 흘러가는 개울이 되면 엄마는 저녁 밥상을 치우고 집을 나선다. 망을 봐야 하는 나도 따라 나선다. 외진 곳으로 자리를 잡긴 했지만 혹시 모르니까 나는 망을 보고 엄마는 개울 속으로 들어간다. 덤불이 우거져서 길가에서는 잘 안 보이는 곳에 두 다리로 서서, 달빛 아래서, 비누칠을 해가며 몸을 씻던 엄마에게 누가 지나간다고 말하면 엄마는 무릎을 구부려 몸을 물속에 잠기게 한다. 그렇게 한참을 있다가 지나가는 사람이 다 지나가고 나면 무릎을 펴 달빛 아래 몸을 드러낸다. 나는 그 순간을 사랑했다. 아름다운 것을 떠올릴 때 그 순간을 떠올리는 것을 보고 내가 그 순간을 사랑했다는 사실을 알게 됐다. 다 씻은 엄마가 수건으로 물기를 닦아낸 후에 마른 옷을 입고서 앉아 옷가지를 빨기 시작하면 내가 물속에 들어간다. 나는 콸콸 흐르는 물이 조금은 무섭고 조금은 신나고, 흐르는 물에 머리를 감기 위해 고개를 숙이면 그대로 물이 되어 콸콸 흘러갈 것만 같지만, 옆에서 엄마가 빨래를 헹구고 있는 것이다.

9

'도둑빨래'라는 단어가 있다. 빨래의 어원을 찾아보다가 그런 단어가 있다는 사실을 알게 됐다. 남의 눈에 띄지 않게 몰래 하는 빨래라는데, 무슨 말인지 알 것 같으면서도 알고 싶지 않은 단어다. 이미 해본 적 있는 것 같은데 해보고 싶지 않다. 그걸 해봤다는 사람을 만난 적 없으니까 말하기 뭣하지만 그걸 해본 사람이 있으니까 그런 말도 있을 거라고 생각하면서 지금 적고 있는 문장을 조금 더 적어나간다. '빨래 이웃은 안 한다'는 속담이 있다는 사실도 이번에 알았다. 옛날 사람들은 왜 이렇게까지 현실에 달라붙어 있을까 싶으면서도 어떻게든 살고 싶어 하는 나는 그냥 그런가보다 하고 지나갈 이런 문장에 달라붙는다.

10

언니 너 그거 갖고 가지 마라.

동생이 분명하게 말했는데도 나는 목욕탕에 그걸 갖고

갔다. 손님들이 다 돌아간 목욕탕에서 청소하고 있는 엄마 눈을 피해 한쪽 구석에 그걸 펼쳐놓고 비누칠을 했다.

언니 너 그러다가 엄마한테 혼난다.

동생이 또 말하는데도 나는 따뜻한 물 덕분에 거품이 잘 나는 것에만 마음이 가고, 비누칠을 다 한 다음에는 보드랍고 폭신한 그것 위에서 두 발로 미끄럼을 타듯 움직였다. 그것으로부터 땟국물이 조금씩 흘러나오는 모습을 바라봤다. 손 바가지로 물을 퍼서 쏟아부으며 미끄럼을 타면 땟국물이 더 많이 흘러나왔다. 나는 그때 주변을 잊었다. 세상에 그 일 말고는 없다는 듯이 행위를 반복했다. 뭔가 잘못되어가고 있다는 걸 느낀 건 엄마가 다가왔을 때였다.

엄마 아무리 해도 헹궈지지가 않아.

내 말 뒤에 엄마가 뭐라고 말했는지는 옮길 수 없다. 나는 여기서부터 뭘 더 적을 수가 없다. 여기까지 적을 수 있었던 것도 동생한테 말을 먼저 시켰기 때문이다. 내가 동생한테 무슨 짓을 하고 있는지 안다면 동생은 그때처럼 또 나를 싫어할지 모른다. 엄마가 나한테 뭐라고 말했는지 기억해낼 수 있는 사람은 엄마도 아니고 동생도 아니고 나여야 하지만 나도 할 수 없다. 그걸 해보겠다고 여기까지 왔지만 할 수 없다. 솔직히 말하자면 안 한 건 아니다. 이 글의 화자를 엄마로 시작해 한참 말하게 한 다음 교묘하게 내 목소리를 겹쳐놓기도 했다. 어차피 그때의 엄마보다 내가 나이가 더 많기도 하니까 못할 것도 없다. 근데 못했다.

변명조로 읽힐 수 있다는 걸 알면서도 그것을 양탄자라고 설명하며 밤마다 그걸 타고 이사 오기 전에 살았던 동네에 다녀왔다고도 해봤다. 정말 예쁜 진분홍색인 데다가 자잘한 박음질이 되어 있어 보들함과 까끌함을 동시에 느낄 수 있는 세상에서 하나밖에 없는 이불이었다고 우기면서 말이다. 그렇게 문장을 적고 있는 내가 지겨워졌다. 문장을 구축해나가는 과정이 지겨웠던 건지 기어이 기억을 끄집어내 변명하고 설명하는 내가 지겨웠던 건지 헷갈리지만 말이다. 가만히 앉아서 뭘 할 수 없을 정도로 내가 싫어졌는데 뭘 더 어떻게 한단 말인가. 그러니 적당히 마무리하고 끝내려 한다. 그날 엄마나 동생이 다 달라붙어서 물을 먹어 무거워진 솜이불을 비틀어 짠 후 비닐 가방에 담아 무슨 시체처럼 들고 집으로 왔다고.

식물들

1

나는 식물을 곁에 둔다. 그게 안 될 때는 내가 식물 곁으로 간다. 앉아서 뭘 하다가도 벌떡 일어나 식물 곁으로 간다. 식물은 가만히 있지만 내가 움직이기만 하면 곁으로 갈 수 있다. 식물 곁에서 나는 잘 잊는다. 뭔가를 잊고 앉아 있다가 뭔가를 잊었다는 사실을 뒤늦게 깨닫는다. 잊지 않고 식물과 뭘 할 때도 있다. 이 장면을 조금 떨어져서 보면 주로 내가 뭘 하는 것 같지만 실상은 그렇지 않다. 식물이 뭘 하고 있다. 식물은 가만히 있는 것으로 뭘 한다. 식물이 쉬고 있다고 말하는 건 어불성설이고 그런 식물 곁에 있으면 아무것도 안 하는 것처럼 보이는 나도 끊임없이 뭘 하고 있는 거다.

2

어떻게든 식물 곁이어야 하는 데는 이유가 없지 않다. 문제는 식물 자체—식물 자체라는 말이 가능하기나 한지는 모르겠지만—에 집중하기보다는 온갖 것이 달라붙어 뭐라고 말하기 힘든 지점까지 이르렀다는 데 있다. 나는 여름이면 온갖 데서 식물이 무성하게 자라는 농촌 마을에서 자랐고 그게 어떤 의미냐면 도시에서 태어나 살아가는 사람이 온갖 건물이나 골목에 익숙한 것이나 마찬가지다. 이쯤에서 궁금해진다. 도시에서 나고 자란 사람한테 골목이나 건물이 견딜 수 없는 그리움이

나 상처를 건드리는지. 물론 내가 도시에서 안 사는 건 아니다. 이십 대 이후부터 줄곧 내가 살았던 곳이 도시니까 말이다. 도시에서 살게 되었기 때문에 식물에 집착하는 건가 싶지만 그렇지는 않다. 나는 이미 농촌에서 살았던 열 살 무렵부터 식물에 대해, 더 정확하게 말하자면 화초에 대해 집착하기 시작했으니까.

이런 이야기를 꺼내놓게 되면 눈을 끔벅거리며 주위를 둘러보게 된다. 나를 이상하게 쳐다보는 건 아니겠지? 하지만 어쩔 수 없다. 나는 어느 시점부터인가 나를 이상하게 쳐다보는 사람들을 이상하게 쳐다볼 수밖에 없다는 생각에 이르게 되었다. 이상하다는 말은 뭔가를 남겨놓으며 쉽게 빠져나갈 수 있는 말이기도 하면서, 결국은 그 말이 피부에 달라붙어 그냥 받아들이기는 하는데 나는 나라는 사람을 빼놓고는 뭔가를 말하기가 참 어려워요, 라는 사실을 고백하는 것이나 마찬가지다. 나는 나의 이상한 점을 받아들이기로 했어요, 그러니까 나야말로 참 안전한 사람 아닙니까. 당신한테 이상한 점이 있다고 도망갈 일은 없을 테니까요. 고백하자면 나는 사람들을 먼저 좋아하는 쪽이다. 사람을 만나게 되면 우선은 좋아한다. 나중에 뒤통수를 맞게 되더라도 처음에는 선의를 가지고 다가간다.

    내가 좋아하는 사람들이 모두 식물을 좋아하는 건

아니고, 식물에 대한 이야기가 나오면 저는 식물을 거의 죽이는 편이에요, 라고 말하는 경우가 많다. 아무래도 그렇죠, 식물이 생각보다 까다로운 편이니까요. 입으로 소리를 내서는 그렇게 말하고 속으로 혼자서는 다음과 같이 말한다. 저에게 식물을 가져다주세요. 저는 식물을 살리는 편입니다. 왜냐하면 저는 식물과 저를 거의 구분하지 않는 데다가 때론 죽고 싶을 만큼 살고 싶거든요.

3

이건 어디서 생겨났지? 근래에는 식물을 따로 구입하지 않았으니 오래전부터 있었던 것이거나 아니면 누가 준 것일 텐데. 오늘 가위로 줄기를 잘라서 물꽂이 한 애플민트가 어디서 왔는지 떠올려본다. 레모네이드에 띄우면 좋겠다고 화원에 가서 사 갖고 온 애플민트는 너무 들여다보는 바람에 손을 타버렸다. 어떻게든 살려보겠다고 남은 줄기를 잘라 물병에 꽂아서 볕 드는 곳에 놓아두었더니 나중에는 무슨 실 가닥처럼 가늘어졌다. 그렇게까지 가늘어질 수 있다니. 같이 지내는 시간을 보낼 만큼 보내고 나야 알게 되는 게 있다.

  이번 애플민트는 벌레가 자꾸 생겨서 치웠으면 좋겠다고 어머니가 말해서 가져온 것인데, 어머니도 누구한테 받았다고 했고 어머니한테 준 그분은 내가 모르는 사람이다. 어디서 온 건지 모르는 식물을 들여다본다. 하지만 애플민트는 무심한 사람이 튼실하게 키우게 되는 식물이다. 다른 식물한테 보통 물을 세 번 정도 줄 때 한 번 준다는 느낌이다. 벌레가 생긴 잎과 줄기를 잘라주고 언제 새잎이 나오나 조바심 내지 않으면서 내가 그렇게까지 너한테 관심이 있지는 않아, 그런 태도로 드문드문 물을 주다 보면 어느 날 통통한 잎이 다글다글 붙어 있는 모습을 보게 된다. 오늘은 그걸 잘라 물병에 꽂은 건데, 드물게 물을 주다 보니 잎에 물기가 부족해 시무룩해진 동물의 귀를 만지는 기분이었다. 이제 물에 꽂았으니 싱싱해지겠지, 아주 생기가 돌겠지, 그런 상태를 목도하겠다고 오후 내내 틈만 나면 들여다보고 있는데, 그렇게 해서 될 일이 아니라는 걸 알면서도 그런다.

4

있던 데서 다른 곳으로 이동해 근무하게 됐을 때, 가끔 물 좀 줘요! 일 년 후에 돌아오기로 되어 있는 사람이 그렇게 말을 해서 나는 일 년 동안 가끔 물 주는 사람으로 지냈다. 가끔 물 좀 주라는 말을 못 들은 척하거나 아니면 정말 못 들었으면 좋았을 테지만 나는 그렇게는 안 되는 사람이다. 봄을 지나 여름이 되어 한 달 사무실을 비우게 됐을 때 물을 어떻게 줄지 고민했다. 전부 집으로 가져가는 방법과 아니면 일주일에 하루 정도는 사무실에 들러 물 주는 방법을 떠올렸는데 둘 다 하지 않았다. 대신 창밖으로 나 있는 난간에 올려놓았다. 돌아왔을 때 대부분 폭염에 말라 죽었고 꽃기린만 남았다. 꽃기린만 남게 된 연유를 나중에 알게 되었는데 그 과정을 설명하는 긴 글을 썼다가 지워버렸다. 기시감이 들었기 때문이다. 어느 부분에서 내가 마음을 놓아버리면 그다음에 다시 수습하겠다고 해봤자 변명에 불과하고 해명을 아니 하니만 못하다는 걸 알 만큼은 알게 되었기 때문이다. 사람이나 식물이나 별반 다르지 않게 어렵다. 그 어려운 걸 아무렇지도 않게 하면서 일상을 영위하는 일이 가끔은 무섭게 느껴져 몸살을 앓는데 그런 연유로 꽃기린만 남은 상태에서도 가끔 물 주는 사람으로 지냈고 일 년 후에 돌아오기로 한 사람을 기다렸다. 말라 죽은 화초를 잘라낸 화분이 눈에 띌 때마다 신경 쓰여서 거기에다가 꽃기린 가지를 똑 분질러 꽂았다. 그게 뿌리를 내리고 잎을 내고 꽃을 피우는 걸 보며 빈 화분 전체를 꽃기린으로 채워가면서 돌아오기로 되어 있는 사람을 기다렸다. 그 사람이 돌아왔을 때 무슨 꽃기린만 남아 있네요, 그럴까봐 걱정돼 둘러댈 말을 골라보기도 했지만 딱히 할 말이 없었다. 그냥 그 사람이 돌아와서 무슨 말을 할지 기다리는 사람으로 지내기로 했다.

5

이십 년 가까이 한집에서 살다가 어머니가 집을 구해 나가 살기로 한 후에 내가 한 일은 키우던 식물 몇 개를 나누는 것이었다. 처음에 가져다드린 건 아무 데서나 잘 자라는 스킨답서스였다. 하트 모양의 잎을 쉴 새 없이 밀어내던, 아무 데서나 잘 자라는 스킨답서스였지만 볕 좋은 곳을 차지하지 못해서인지 얼마간 버티다가 시들해졌다. 가져가라. 어머니가 툭 내뱉은 말을 못 들은 척하다가 며칠 후에 가져왔고, 시든 잎을 떼어내고 줄기를 잘라낸 다음에 새잎이 나오기를 기다렸다. 첫 새잎이 나오기까지는 오래 걸렸지만 그다음부터는 아무 일도 아니라는 듯이 제법 기세가 좋았다. 그 기세를 놓치고 싶지 않아서 나도 맹렬하게 스킨답서스를 들여다봤다. 새잎이 나올 때마다 처음부터 다시 시작하는 기분이 들기도 했다. 들여다보고 또 들여다보는 동안 해가 왼쪽에서 오른쪽으로 확연히 이동하기도 했는데, 관계가 이런 식으로 지속될 수는 없다는 걸 알면서도 계속 그러고 있는 나를 내가 빤히 쳐다보게 될 때쯤 스킨답서스로부터 돌아섰다. 일부러 안 쳐다보면서 지내는 쪽으로 움직였다. 식물의 움직임은 쳐다보고 있으면 안 보이는데 안 쳐다보다가 보면 보인다. 확연하게 움직이고 있었다는 사실을 알게 된다.

그다음에 어머니 집에 가져간 건 커피나무다. 볕만 좋으면 넓적한 이파리를 끝도 없이 뱉어내는 나무라 거실 한편에 가져다 놓으면 시원한 느낌이 들 것 같아서였다. 그것도 한 이 년 정도 어머니가 키우다가 가져가라고 해서 시무룩해져서는 돌아왔다. 베란다에 내놓고 물을 뿌려 이파리에 앉은 먼지를 씻어내고 바람도 쐬어주고 그랬더니 새잎을 내기 시작했다. 그걸 그냥 두면 좋았을 텐데 어느 날부터인가 화분이 신경 쓰였다. 붓으로 그린 듯한 수묵화 느낌의 그림도 싫증 나고, 너무 자리를 많이 차지하는 것만 같고, 그러다 보니 자꾸만 이파리를 뱉어내며 면적을 넓혀가는 화초가 징그러웠다. 그래도 뭐 어쩔 수 있나 그러면서 지냈는데 어느 날 밤 자려고 누웠다가 벌떡 일어나 아무 무늬도 없는 흰색 도자기 화분으로 옮겼다. 있던 데보다 비좁은 공간으로 뿌리를 욱여넣으며 이래도 되나, 내가 이래도 되나, 그런 생각을 하면서도 그랬다. 이후에 커피나무 화분은 베란다 구석에서 한 계절을 났다. 이파리를 모두 떨구고 가지만 남은 채로. 한 계절이 지났을 때 거의 다 죽은 듯 메말라 보이던 가지에서 조그맣게 이파리가 나오기 시작했다. 이미 자랄 만큼 자란 적 있던 터라 한 번 이파리를 내기 시작하니 높다란 가지를 따라 빼곡하게 푸르러지기 시작했다. 이런 걸 내가 뭐라고 할 수 있나. 어머니나 나나 잘 지냈으면 좋겠다고 생각하면서 볕 좋은 곳으로 자리를 옮겨주었다.

6

초대받아 간 공간에서 눈에 띈 건 나한송이었다. 유리병에 소담하게 담겨 있는 걸 보고 몇 뿌리 가져와 심으면 이 공간에서 지냈던 하룻밤이 어디 가지 않고 곁에 있겠구나 싶었고, 언니 저 집에 갈 때 저거 몇 뿌리 가져가도 돼요? 물어봤을 때 공간의 주인은 그런 말은 처음 들었다는 듯 잠깐 헤아리는 표정을 짓다가 그러라고 했다. 막상 새벽이 되어 헤어질 무렵에는 다들 정신이 없어서 나한송은 까맣게 잊혀졌고, 귀가하는 길에 나한송 생각을 안 한 건 아니지만 두고 온 건 두고 온 대로 괜찮은 것 같았다. 나한송은 거기 있고 나는 이곳으로 왔다는 사실에는 앞으로 나한송을 떠올리면 초대받아 갔던 공간을 떠올리게 된다는 의미가 포함되어 있으니까. 생각날 거고 그리워질 거니까 안 가져온 게 더 나을 수도 있다고 그런 생각을 끝도 없이 이어가다가, 내가 꽤나 집요한 구석이 있다는 걸 새삼스럽게 알게 되었으며, 그 집요함이 물욕일까 잠깐 의심하기도 했지만, 나는 나한테 그렇게 야박하게 굴고 싶지 않았기 때문에 기억하고 싶구나, 함께 밤을 보내고 웃고 떠들었던 시간을 일상의 흐름 속에 기입해놓고 또 살아가려고 하는구나 정도로 정리했다. 정리를 했는데도 미진한 게 남아서 좀 더 생각해봤다. 몇 뿌리 가져오게 되면 흙을 담은 화분에 심어놓고 볕 좋은 날 들여다보게도 되고, 틈틈이 물도 주게 되니까 일부러 떠올리려 하지 않아도 문득 떠올려보며 그런 밤이 있었지, 물을 마시듯, 물을 마시면 탁해진 피가 맑아지면서 저릿하게 통증을 밀어내며 자기주장 하는 몸을 잊고 자연스럽게 숨을 쉬게 되니까, 물을 마시듯 지내보려고 했던 거라고. 나는 나를 어느 정도 너그럽게 봐주려고 애초에 하려던 것보다 생각을 더 많이 했는데 나한송과 관련된 이야기는 거기서 끝나지 않았다. 언니 저거 몇 뿌리 가져가도 돼요? 그 말은 꽤나 구속력을 발휘해서 언니한테 연락이 왔고, 언니가 키우던 나한송은 아니지만 내게 나한송을 보내주었다. 언니가 나한송을 유리병에 담아놓고 있었으니까 나도 유리병에 한 달 정도 담아놓았다가 볕 좋은 날에 화분으로 옮겨 심었다. 큰 화분에 소복하게 심고도 남아서 작은 화분에 몇 뿌리 더 심었다. 심으면서 주문을 외우는 것처럼 잘 자랄 거야, 중얼거려보았다. 그날 바로 잊지 않고 물병에서 가져왔더라면 공간과 공간이 직접적으로 연결되었을 테지만 우리가 웃고 떠드느라 잊었고 나중에 후회했고 곱씹었고 번거로운 과정을 거쳤다는 사실 때문에 저 나한송은 더 많은 서사를 가진 나한송이 되었다. 그 과정을 문장으로 적으면서 나는 나라는 사람에 대해 거리를 두고 생각해보게 되었고 진저리를 치는 정도까지는 아니더라도 참 집요하구나, 한숨이 나왔다. 이런 나를 어떻게든지 보듬고 잘 다독여서 언니와 종종 연락도 하고, 문득 함께했던 그 공간에 또 가보기도 하고, 그날 거기서 만났던 사람들을 만나게 되면 다시 만나서 반가워요, 말을 꺼내놓으며 말의 힘으로 다들 그러는 것처럼 일상을 살아가야지 다짐도 했다.

7

너는 이제 지저분하게 화분 그만 들이라고 엄마가 말했다. 내가 거실에다가 화분을 들여서 무슨 풀밭처럼 가꾸고 있는 걸 엄마가 알아버렸고 꾹 참고 있다가 무슨 얘기 끝에 꺼내놓은 것이다. 엄마는 참느라고 참지만 결국은 맞는 말을 해서 나로 하여금 내가 뭘 하고 있었는지 인지하게 만든다. 너 앞으로 술을 그렇게 먹고 그러면 안 되지 않냐. 나이도 있고 애들 가르치러 다닌다는 애가. 역시 틀린 말은 아니고 뭐 나도 술을 그렇게 먹고 다니는 건 아니라고 생각하고 있는데 또 그런 말을 엄마한테서 듣고 나면 풀이 죽는 건 사실이다. 이게 왜 풀이 죽냐면 엄마도 술을 먹고 가끔은 엄마 집에 가서 새벽까지 같이 술을 먹으며 이 얘기 저 얘기 나누는 게 우리 모녀의 낙이기도 하고 가끔은 다 큰 딸이 술기운을 빌려 노래도 부르고 춤도 추고 그러면 엄마도 좋아했으면서 나중에 전화로 다른 말을 하다가 불쑥 너 앞으로 술을 그렇게 먹으면 안 되는 거 아니냐고 하면 풀이 죽는 것이다.

화초 키우는 것만 해도 그렇다. 봄이면 화초를 내놓고 파는 가게 앞에 한참을 서 있다가 꽃 핀 화초 두세 개를 사 들고 와서는 그래도 봄인데 못 본 척 지나가는 것도 그렇고 예쁜 걸 들여놓으면 기분도 좋아지고 그러니까 이런 것도 꼭 나쁜 것만은 아니라고 말하는 엄마다. 내가 거실에 키우는 화초를 살펴봐도 대부분 엄마가 키우다가 소담하니 잘 크니까 가지를 꺾어 화분에 꽂아두었다가 뿌리를 내리면 나한테 가져가라고 해서 내가 가져다가 키운 것들이다. 가끔 전화를 걸어와 잘 크고 있는지 확인하며 내심 만족스러워 하면서도 뭔가 좀 과하다 싶으면 태클을 걸어주는 게 엄마 역할이라는 듯이 너는 이제 지저분하게 자잘한 것들은 멀리할 때가 되었다고 하고 그러면 나는 내가 자잘하고 너저분한 것들에 둘러싸여 지내고 있다는 걸 알게 된다. 어릴 때는 이런 일도 있었다. 엄마, 우리도 다른 집처럼 꽃 피는 애들을 가져다 담장 아래도 심고 뒤꼍에도 심고 그러면 안 돼요? 엄마는 그런 거 심고 키울 정신이 없고, 이 집에서 나가지 않고 버티는 것만으로도 이를 악물어야 했고, 그렇게 사는 게 가능한지 하루에도 몇 번씩 질문을 던졌어야 했을 거라고, 지금은 그때의 엄마보다 더 나이를 먹은 내가 하는 생각이지만 그때는 그렇게까지는 생각할 수 없었고, 그래도 꽃이 있으면, 꽃이 있어서 피고 지고 하는 걸 보면 더 사는 거 같을 테니까, 학교에서 끝나고 큰길가를 걸어 집으로 오다가 옆집에서 키우는 화초 같은 것이 덤불 속에 있기에 뽑아 와서 엄마 이거 뒤꼍에 심어도 돼요? 그랬더니 그거 아무래도 그냥 풀인 거 같다고 괜히 심었다가 풀씨만 키워가지고 집을 풀밭으로 만들어버리면 어쩌냐고 만류하는 엄마한테 아니 이게 그냥 풀은 아니고 꽃이 필 것 같은데, 그러면서 모른 척하고 심었던 적 있었다. 그렇게 모른 척하고 심었던 화초가, 실제로 심지는 않고 심었으면 좋겠다고 생각했던 화초가, 동네 아주머니들이 집집마다 담장 아래 키웠던 화초가 우리 집 마당에서, 뒤꼍에서, 담장 밑에서 맹렬히 자라는 모습을 나이를 먹어가는 과정 내내 꿈속에서 목도해야 했다. 그리고 엄마가 하는 말은 대부분 맞아서 내가 심었던 그 화초는 풀이었던 게 드러났고 자잘하게 자라난 풀을 하나하나 뽑아내야 했다.

8

내가 마음을 놓지만 않는다면 내내 같이 지낼 것 같은 식물이 있다. 안 죽는 식물이 있다. 그게 나무 종류라면 실내에서는 감당할 수 없을 정도로 키가 크기도 하는데 그럴 때는 잘라주면 된다. 나무는 똑 분지를 수도 없고 가위로 잘라낼 수도 없어서 톱으로 쓱쓱 문지르면서 잘라줘야 한다. 잘라주면 위로 크던 애들이 옆으로 자란다. 옆으로 자라서 면적을 넓게 차지하는 게 싫으면 그 다음엔 곁가지를 가위로 틈날 때마다 잘라준다. 그렇게 곁을 지키며 잘라주다 보면 처음에 자라던 것처럼 위로 또 자라는 걸 보게 된다. 제라늄 같은 풀 종류는 감당할 수 없을 정도로 키가 크지는 않지만 크는 대로 내버려두면 휘청인다고 해야 할까, 그런 순간이 온다. 그러면 문득 나도 모르게 줄기를 잘라주고 있다. 자른 줄기를 하루 정도 두었다가 흙에 심으면 곧잘 뿌리를 내린다. 잘라서 심은 걸 의식하지 못할 정도로 자리를 잡고 앉아 꽃을 피운다. 그렇게 해서 제라늄 화분이 늘어만 간다. 나중에 내가 마음을 놓아서 식물의 속도를 도저히 따라갈 수 없는 지경이 되었을 때, 그때 내 곁에 남아 있을 식물은 제라늄일 것 같고, 그때의 제라늄은 마음을 놓아버린 나처럼 휘청이겠지만 이미 많을 대로 많아진 제라늄이라서 이파리와 이파리가 곁을 틀고 줄기가 엉키면서 그런대로 살아가게 될지 모른다고, 비극적 상황을 미리 서술해보는 거지만 아직 비극적 상황에 직면한 건 아니라서 어느 정도는 제각각의 제라늄 화분이 감당해내는 꽃들의 색깔을 떠올려보며, 어느 날의 봄날을 떠올려보며, 그때 품었던 마음을 꺼내보는 것이다.

9

팬데믹 시기에 반 아이들과 화초를 들여 교실에서 키웠다. 당시엔 밀집도를 줄여야 해서 1, 2학년이 일주일 간격으로 번갈아 등교했다. 등교하는 주에 아이들이 가장 먼저 한 일은 자신의 이름이 적힌 화분에 물을 주는 것이었다. 여름방학에 들어가기 전에 이대로 그냥 두면 죽을 수도 있으니까 자기 화분은 자기 집으로 가져가기로 했다. 그랬는데 몇 개는 남았다. 불규칙적인 등교로 인해 집에서의 생활과 학교에서의 생활을 적절하게 양분해야 하는 시기였다. 그 과정에서 어느 한쪽으로 생활 패턴이 기운 아이들의 화분이 남은 것이다. 그래도 화분은 가져가야 하지 않겠느냐고 방학식 날만이라도 등교하기를 권했지만, 그래서 그렇게 하겠다 약속한 아이도 있었지만, 막상 몇 개는 남았다. 남게 된 화분은 이미 어느 정도 시들해진 상태였고 그냥 두면 어떻게 될지 모르지 않아서 집으로 가져왔다. 집에 있는 다른 화초들보다 더 많은 시간을 들여 관심을 기울였는데도 잘 안 될 것 같아서 밖으로 들고 나가 사람들이 안 보는 틈을 타 볕 좋은 곳에 심어두었다. 쭈그려 앉아 한참을 바라보다 뒤에 남겨두고 돌아오면서 잘 자랐으면 좋겠다고 중얼거렸다. 이후로 나는 그쪽을 피해 다녔다. 그냥 잘 자라고 있을 거라 생각하고 싶었다. 가끔 내 생각 속에서 자라는 그 애들이 내가 감당할 수 없을 정도로 무성하게 자라고 있다고 생각하면 나는 내가 두려워졌다. 생각을 벗어나면 무슨 일이 벌어질지 모르지 않아서, 생각은 생각으로 무성해졌다. 생각으로 인해 그렇게 됐다고 말하면서, 무슨 덤불 같은 걸 머리에 이고 다니면서, 모르지 않는 일들을 피해 다니면서, 그해 여름을 보냈다.

10

"그런데 시골은 고독입니다"라고 말하는 롤랑 바르트에게 "그러나 시골은 또 산만한 장소가 아닙니까? 과일 먹는 일이며, 초목 보러 가는 일이며"라고 되받아치는 장 자크 브로시에의 말[2]은 조금 넘친다. 그렇더라도 진실에 가깝다. 시골을 생활 공간으로 생각하고 실제 생활을 해나간다면 분주해질 것이다. 나는 시골이 아니라 아파트에서 생활하고 있지만 대체로 분주하다. 나물을 다듬어 먹어야 하고 화초에 물을 줘야 하기 때문이다. 꼭 몸을 움직이는 일을 하지 않아도 분주하다. 책상에 앉아 문장을 적고 있더라도 문득 생각났다는 듯이 화초를 들여다보기 때문인데 어떨 때는 적은 문장의 수보다 화초를 들여다보는 횟수가 더 많을 때도 있다. 창렬이 엄마도 무척 분주했을 거다. 창렬이 엄마는 녹색 철제 대문집에 살았고 나는 그 집에 들어가본 적 없지만 그이가 담장 아래 심어놓은 과꽃이 좋아서 그 집 앞을 지나

다녔다. 과꽃은 창렬이 엄마가 가꾸던 꽃이고 일반명사다. 창렬이 엄마는 고유명사다. 동네 사람들이 창렬이 엄마라고 불러서 나도 창렬이 엄마라고 부른다. 창렬이라는 사람은 내 손위 형제보다도 나이가 있는 사람이었지만 뭐 다들 그렇게 부르니 나도 그렇게 부를 수밖에 없었다. 아무튼 창렬이 엄마를 떠올리면 과꽃이 떠오르고 과꽃을 떠올리면 창렬이 엄마가 떠오른다. 과꽃에 대해서는 얼마든지 문장에서 뭐라고 할 수 있지만 고유명사인 창렬이 엄마에 대해서는 뭐라고 하기가 어렵다. 물론 창렬이 엄마라고 하지 않고 그이라고 하면 어느 정도는 할 수 있다. 그이는 담장 아래 과꽃을 가꾸는 일만 하지는 않았을 테고, 그 과꽃을 가꾸는 것만 하더라도 하루에 몇 번은 들여다봐야 해서 아주 분주했을 것이다. 또 그이라고 하면 과꽃이 떠오르지 않는다. 창렬이 엄마라고 해야 바로 그 과꽃이 떠오르니까 고유명사인 창렬이 엄마를 쓸 수밖에 없다. 어디 시청 같은 곳을 지나가다가 과꽃을 보게 된다면 바로 창렬이 엄마가 떠오르지는 않는다. 시청은 창렬이 엄마를 떠올리기에는 너무 공적 장소라 그때의 과꽃은 일반명사로서의 역할에 충실할 따름이다. 진짜 과꽃을 만나려면 뭔가 더 해야 한다. 해본 걸 말해보자면 다음과 같다. 어느 날 길을 걷다가 과꽃을 떠올렸고—과꽃을 본 게 아니라 떠올렸다. 그건 바로 이어서 창렬이 엄마를 떠올렸다는 말이다—실제로 버스를 타고 내가 떠나온 시골 마을에 창렬이 엄마의 과꽃을 보러 간 것은 아니지만 거의 간 것이나 마찬가지로 과꽃을 봤다. 내가 묘한 흥분 상태에서 깨어났을 때 시골에 다녀올 만큼은 시간이 흘렀을 거라 생각했는데 몇 분밖에 지나지 않았다. 혹시 몰라 덧붙이자면, 길을 지나다가 과꽃을 봐서 창렬이 엄마의 과꽃에게로 간 게 아니라 지나가다가 과꽃을 떠올렸기 때문에 진짜 창렬이 엄마의 과꽃을 보게 된 것이다. 이 차이가 나에겐 중요하다.

2 롤랑 바르트, 김희영 옮김, 『텍스트의 즐거움』, 동문선, 1997, 215쪽.

집

1

어렸을 때 살았던 동네에는 집이 삼십여 채 정도 있었다. 그리 많다고 할 수 없는데도 거기 사는 동안 안 가본 집이 많았다. 가보고 싶다고 해서 다 가볼 수 있는 건 아니었다. 같이 어울려 노는 애들이 사는 집이라서 가본 적 있다거나 우리 가족과 어떤 식으로든 친분이 있는 집이라서 들렀다거나 그런 식으로 발을 들여놓을 수 있었다. 어떤 집은 반복적으로 가게 돼서 나중에 동네를 떠난 후에는 자주 갔던 그 집이 동네 전체로 생각되기도 했다. 엄마 심부름으로 가본 집도 있었는데, 엄마가 심부름을 시키지 않으면 갈 수 없었고, 그렇게 가봤던 집들은 대개 마루에까지 가서 앉았다 오는 게 다였다. 가끔은 나를 언니라고 부르던 애가 있어서 그 애를 따라 몇몇 집을 가볼 수 있었다. 그런 집은 그 애의 가까운 친척이거나 먼 친척이었기 때문에 방 안까지 들어가 한나절씩 앉았다 왔다. 이상하게도 나는 어릴 때 가봤던 집들이 나중에도 자꾸 생각이 나서 그건 또 무슨 연유인가 생각해보고는 했다. 마루에만 앉았다 온 집은 꿈에 다시 등장하곤 했는데 꿈속에서 내가 어떻게든지 방 안에 들어가보려는 애로 나와서 꽤나 집요한 구석이 있군, 중얼거리기도 했다.

2

저녁 전에 채소밭 다녀오는 게 내 일이었다. 아직 해가 남아 있을 때, 동네를 벗어나 채소밭까지 가려면 지나야 했던 집이 생각난다. 큰 대추나무 두 그루가 있어서 담장 바깥으로 넘어온 가지를 잡아당겨 대추 열매를 따 먹고는 했다. 대추가 맛있어서 그랬던 건 아니었다. 그걸 먹지 않으면 거길 지나갔다고 할 수 없는 어떤 감각과 순간을 내가 손에 쥐고 있었기 때문이다. 대추나무가 거기 없었다면 뭘 찾아냈을지 모를 일이다.

    그 대추나무집 아들이 결혼을 했고 새댁이 들어왔다면서 나를 언니라고 부르던 그 애가 집에까지 데리고 갔다. 마루가 일자가 아닌 기역 자라서 그 구부러지는 마루를 지나 방 안까지 들어갔고, 그 안에서 뭘 했었는지는 모르겠는데, 마루를 지나 방 안으로 들어가던 순간이 반복해서 기억난다. 그 장면을 떠올릴 때마다 방으로 들어가다 말고 내가 이쪽을 쳐다봤던 것 같다. 그렇지 않고서야 내가 그 장면에 그렇게 붙들려 있을 리가 없기 때문이다. 그 집 새댁에게 내가 습관처럼 대추를 따 먹었다는 얘기를 실토해야 하나 고민했는데 대추나무 같은 건 신경도 안 쓰는 듯해서 좀 섭섭했다. 아주 나중에 내가 그 새댁만큼 나이를 먹어 동네에 들렀을 때 그 집을 지나가다 대문 밖에 나와 있던 그이를 마주친 적 있었다. 당연하게도 나이를 먹어 있었다. 동네 밖에서 들어온 사람처럼은 안 보이고 동네 사람처럼 보였다. 그이가 동네에 들어왔을 때 이미 있었던 아주머니들처럼 말이다. 그게 참 낯설고 쓸쓸해서 나는 내가 나이를 먹은 건 생각도 안 하고 예전에 대추를 갖고 그랬던 것처럼 섭섭한 마음이 들었다.

3

무서운 집도 있었다. 집이 무서운 게 아니라 거기 사는 사람이 무서운 집인데 나중에는 그 둘이 분간이 안 가기도 했다. 저녁을 먹고 나서 마을 회관에 동네 애들과 모여 놀던 여름밤에 한 아이가 자두나무 이야기를 했다. 그런데 자두나무가 있는 그 집엔 무서운 노인 둘이 살고 있어서 누구도 그 집 자두를 얻어먹은 적이 없다고 했다. 우리는 그 자두가 얼마나 달고 시원할지 상상하기 시작했고 불가능해 보이는 그 자두 맛을 보지 않고는 집에 들어갈 수 없을 것 같았다. 몇 명이서 들어가보기로 했다. 지금에 와서는 그 여름밤의 달뜬 기분은 생생한데 내가 그 몇몇의 무리에 합류했었는지는 기억나지 않는다. 문제는 그다음이다. 나는 아주 나중에 꿈속에서 그 집에 자주 들르는 애가 되어 있었다. 대문을 열고 들어가 마당을 가로지르는 그 숨 막히는 시간 다음에는 그 집 여자 노인이 나를 수돗가로 데려간다거나 남자 노인이 나를 쫓아내기 위해 빗자루를 들고 방문을 벌컥 열고 뛰쳐나온다거나 그랬다. 한번은 그 집 안방 문을 열고 들어갔는데 거긴 내가 상상하던 그런 방은 아니었다. 수직으로 놓인 커다란 사다리가 있고 그 사다리를 밟고 올라가면 다락방이 나왔으며 다락방에 머리를 들이미는 순간 나는 사방이 꽉 막힌 미끄럼틀을 타는 것처럼 사정없이 바닥으로 미끄러져 내려와야 했다. 그런 꿈을 반복적으로 꾸던 시절에는 꿈에서 깨어나면 머리카락이 온통 젖어 있었다. 가끔은 미끄러져 내려온 입구에서 누군가가 나를 일으켜 세우기도 했는데 그 사람이 누군지는 끝내 알 수 없었다. 그 여름밤에 함께 자두를 따 먹기로 했던 애들은 모두 어디로 갔는지 곤두박질치는 꿈속에서 아이들의 그림자도 찾아볼 수 없었다. 아무래도 나는 그 여름밤에 함께 자두를 훔치러 들어갔던 애는 아닌 것이라고, 그러니까 애들이 철저하게 나를 따돌렸을 거라고, 그 벌로 혼자서 그 무서운 집에 찾아가는 꿈을 꾸고 있는 거라고 생각해버리기로 했다.

4

나를 언니라고 부르던 애가 데리고 갔던 곳 중에는 마을 중간쯤에 위치한, 여자 어른이 혼자 사는 집도 있었다. 대문을 열고 들어가면 몇 발자국 지나지 않아 마루가 나오는 그런 집이었는데 해가 잘 들어 마루에 앉아 있으면 눈이 부셨다. 우리가 놀러 가면 그 집 어른이 양은 쟁반에 먹을 걸 담아 와 손에 쥐어주고는 했다. 가끔 너무 심심해서 혹은 해가 잘 드는 마루에 앉아서 꾸벅꾸벅 졸고 싶은 기분이 들 때는 거기 마루에 가서 앉아 있고 싶어지는데 혼자서는 가본 적이 없어 나를 언니라고 부르는 그 애를 찾아 마을을 돌아다녀야 했다. 대부분은 그 애를 찾지 못해 시무룩해져 집으로 돌아왔고 나는 그 애가 세상에 실제로 존재하는 것인지 의문이 들곤 했다. 그 기억은 내가 어른이 되어서도 그 애를 찾아 마을을 돌아다니는 꿈을 꾸게 했는데, 그럴 때 동네의 대문들은 조금씩 열려 있거나 닫혀 있었을 테지만 왜 그렇게 사람들은 아무도 안 돌아다니는지 의아했다. 어쩌면 내가 딴생각을 하다가 동네 입구의 어떤 문으로 잘못 나와버려서 하루 종일 사람들을 찾아다녀도 보이지 않는 거라고 시무룩해지기도 했다. 나는 세상에 살고 있는 사람이 맞나, 언젠가 이 마을에서 사라졌다가 아무도 없는 시간에만 마을에 나타나는 헛것인 건가, 그런 생각도 들었다. 나는 나중에 그런 헛것에게 붙여줄 이름을 다른 이들이 적은 문장에서 자주 발견하게 되는데, 이거다 싶어서 뭔가 이해가 되다가도 꼭 그런 것만은 아닌 것 같고, 그 헛것이 아직도 온 동네를 헤매고 다니는 꿈을 꿀 때면 내가 나를 두고 와서 다행인 건지 무서운 건지 모르겠어서 겁을 집어먹곤 했다.

5

이야기를 꺼냈으면 끝까지 가야 한다. 아예 안 꺼냈으면 모를까.

그렇더라도 바로 거기까지 가기가 쉽지는 않다. 어떤 집은 사는 사람들이 바뀌기도 했다. 나를 언니라고 부르는 애가 사는 집에 가려면 지나쳐야 했던 집 중에 하나다. 이전에 살았던 사람들이 어디로 갔는지는 기억에 없고, 새로 살러 온 사람들 중에 내가 다니던 국민학교 선생님이 있었다는 건 기억이 난다. 학교에서 만나는 선생님이 우리 마을에 산다는 생각만으로도 그 집은 나한테 관심의 대상이 되었다. 나는 그 집에 들어가보지는 못하고 지나다닐 때마다 대문 안을 흘끔거렸다. 원래 있던 외양간은 그네가 매달린 놀이터로 바뀌고 담장 아래로는 화초가 심겼다. 선생님과 그의 남편, 그리고 아이들이 오래도록 그 집에 살았으면 좋겠다는 생각을 했지만 얼마 지나지 않아 다른 가족이 이사를 왔고 웃겼던 건 그 집 사람들이 우리 마을 안에서 여러 집을 옮겨 다녔다는 점이다. 빈집이 생기면 그곳으로 이사 갔다가 또 다른 빈집이 생기면 그곳으로 옮겨 갔는데 나는 그럴 수 있다는 걸 몰랐다가 알게 돼서 신기한 만큼 속은 기분도 들었다. 그럴 수 있는 거였는데 말이다.

6

사람이 할 수 있는 일이 있다. 해야만 하는 일도 있고 하면 안 되는 일도 있다. 나는 어릴 적 살았던 동네를 돌아다니면서 '사람'이 되어가고 있다.

한번은 우리 집에 갈래? 뒷집 언니가 말해서 따라 들어간 적 있었다. 뒷집인데 나는 그 집에 갈 생각은 못하고 있었다. 나이 차가 많이 나는 언니라서 나 같은 꼬맹이랑은 놀아주지 않을 거라 생각했고 거기 가서 뭘 해야 좋을지 상상이 안 갔다. 그날 언니가 나를 데려간 곳은 다락방이었다. 우리 집 뒤꼍에서 까치발을 하고 언니네 집을 쳐다보면 지붕 아래 나 있는 쪽창이 보인다. 나는 그날 언니네 집 다락방에 들어갔다가 여직 안 나오고 있다. 언니가 수납장에서 꺼내 준 접시를 쪽창을 통해 들어오는 빛에 비춰보고 있다. 테두리를 따라 둥글게 배치된 꽃잎과 이파리가 빛을 향해 움직이는 듯하다. 빛은 먼지와 바람과 빗물이 오랜 시간 공들여 만들어낸 더께를 통과한 후라서 날카롭지 않다. 부드러운 빛이구나, 라는 말을 그때 내가 했을 것 같지는 않지만 그런 말을 할 줄 아는 나였다면 그렇게 말하고 싶었을 것이다. 언니가 무슨 말을 했었는지는 기억나지 않는다. 언니가 뭐라고 했어도 빛의 사운드에 녹아버려서 안 들렸을 거다. 나도 언니도 빛이 바랜 것처럼 거기에 앉아 있다.

한 번 그 다락방에 다녀온 후 또 가보고 싶었는데 얼마 지나지 않아 그 언니는 마을을 떠났고 명절이거나 아니면 다른 어떤 날 집에 돌아오기도 했을 텐지만 왠지 서먹해져서 그 집 대문을 열고 마당에 들어서는 게 가능하지 않았다. 뒷집이니까 동네를 돌아다니기 위해서는 수도 없이 지나다녔을 텐데 다락방에 다녀오기 전까지는 지나다닌다는 생각 자체가 없었다. 그러다가 한 번 다녀온 후에는 지나다닐 때마다 내가 여기를 지나고 있구나, 그런 생각을 하면서 지나다니게 되었다.

나는 그날 다락방에서 내려와 집으로 돌아왔을 것이다. 삐걱이는 나무 계단을 밟고 내려오면 언니네 안방이 나오고 언니의 엄마와 아버지와 남동생이 해가 질 무렵의 공간에 비스듬하게 누워 텔레비전을 보거나 그랬을 텐데 그들에게 뭐라고 하면서 어떻게 두 발을 디디면서 그 공간을 건너왔는지 생각나는 게 없다. 그 안방을 지나지 않고 집에 오는 방법이 없었다는 건 너무나 자명하고 방이라는 공간이 있어서 식구들이 각각 자리를 차지하고 앉아 다리를 꼬기도 하고 머리를 긁적이기도 하고 앞에 놓여 있던 튀밥이 담긴 그릇을 옆 사람한테로 밀어놓기도 하는 장면을 떠올려보게 되는 것이다.

7

한밤중에 가본 집도 있었다. 그런 식으로 가지 않았더라면 좋았을 텐데, 그날 밤은 여러모로 아쉬움이 남는다.

나는 소설을 읽으면서 장면을 비축할 수 있었다. 소설은 나를 다시 한번 과거의 그 장소에 데려다놓음으로써 그림 속에 내가 들어가 있는 듯한 효과를 느끼게 해줬다. 내가 지나온 장면에 액자 틀을 끼우는 버릇은 그때부터 생겼다. 읽고 쓰는 과정을 반복하게 되면서는 점점 모던한 프레임을 선호하게 됐지만 어느 시기에는 화려한 굴곡이 있는 황금색 프레임을 마다할 이유가 없었다. *바세린이 어디 있지?* 그렇게 시작되는 그날 밤 기억을 적으려니까 이건 바니시를 바른 목재 프레임이면 적당할 듯하다.

　문장을 통해 실제 기억으로 다가가기 전에는 대체로 시각적 감각이 우세하게 작동한다. 그런데 그날 밤의 기억만은 말소리에서 시작된다. 부부가 있던 방과 부부가 이웃 아이를 재우려고 들인 방은 미닫이문으로 분리되어 있었다. *바세린이 어디 있지?* 그 말을 부부 중에 누가 했는지, 실제 그런 말을 했는지 정확하지 않다. 바세린이라는 말은 오랜 시간 내가 만지작거리는 동안 부서져서 흩어져버리고 내가 나중에 다이소에서 손쉽게 구입해 발뒤꿈치에 바르는 용도로 사용하는 그 바세린과 뒤섞여버렸다.

　안방과 미닫이문을 두고 분리된 작은방에 누워 있었던 그날 밤. 나는 최대한 감정을 드러내지 않는 문장으로 조금씩 그날 밤에 접근하고 있다. 동네에서 그 집을 누구네 집이라고 불렀었는지, 나보다 서너 살은 어렸던 남자아이 이름이었는데, 지금이라도 전화를 걸어 엄마나 동생한테 물어보면 대답해주겠지. 누구네 집이었는지 말해주겠지만 내가 뭘 하려고 물어보는지 알면 속상할 것이다. 그러니까 혼자 해결하는 게 낫다.

　그날 밤에 있었던 일을 순차적이고 인과적인 흐름으로 적어낼 객관적 역량이 내게는 없다. 내가 겪은 일이 아니고, 허구적으로 가져다 쓰게 되는 거라도 점프 없이 뭔가를 설명해내는 데는 소질이 없는 편이다. 그래서 나는 설명이 필요한 순간에 기억나지 않는다고 말한다. 그걸 기억하고 있다가는 내가 나를 감당하지 못할 거라고 변명하면서. 그날 밤은 나만 그런 건 아니고 식구들이 다 그랬으니까, 나도 별수 없었고 별수 없다는 건 꼭 나쁜 것만은 아니라고 말해버린다. 나는 지나간 장면 여기저기에 나를 놓아두는 데 능숙하지만 그날 밤에는 나를 두고 나올 수 없어서 손을 잡아끌고 빠져나왔다. 데리고 나왔는데 미련한 내가 아직 거기 남아 있다. 거기 남아서 부부의 대화를 듣고 있다.

이거 너무 많은 거 같은데?

그 정도는 발라야 하지 않겠어?

바세린을 두고 실랑이를 벌이는 부부가 옆방에 있었다. 그 집에 가봤던 그날 밤을 문장으로 적게 된다면 잘할 수 있을 거라 생각했다. 그렇게 오래 복기했는데 못하는 게 이상하지, 그랬는데 잘 안 된다. 옮겨야 할 때 옮기려고 우회하는 기술을 연마했는데, 기술이 문제가 아니라 분석이 필요한지도 모르겠다. 그런 생각을 하자마자 싫증이 난다. 분석이라니. 그날은 유독 심했다. 거의 미친 것 같았다. 그날 밤에는 온 동네가 다 알아버린 것이다. 그랬으니까 그렇게 되었겠지. 엄마가 우리들을 데리고 어딘가로 숨었고, 쌀쌀한 날씨 탓에 그랬던 건지 아니면 들킬까봐 그랬던 건지 몇 군데로 옮겨 다니다가, 이러지 말고 애들은 내가 데리고 갈게, 라고 엄마의 이웃이었던 그 아주머니가 우리 셋을 집으로 데리고 갔다. 안방에 면해 있는 작은방에 이불을 펴주고 베개를 내주면서 오늘 밤은 여기서 자라고 했고, 그래서 우리 셋은 누웠다.

나는 이 글을 쓰면서 이상하다고 생각하는 부분이 여럿 있는데 그 중에 하나가 내가 떠올리는 장면 속에 분명히 동생 둘이 있었는데 나는 그 부분이 생각나지 않고 그 순간에 내가 느꼈던 감정이나 감각만 또렷하다는 거다. 내가 뭔가를 남겨놓고 나머지는 잘 삭제하는 사람이라는 걸 나는 글을 쓰면서 알게 되었다. 보통은 드러누워서 우리는 이런 말을 들었다, 라고 적어야 하는 부분을 나는 드러누워서 이런 말을 들었다로 적는다. 위화감 없이. 그때 나 말고 동생들도 있었는데 나는 왜 같이 있었다는 감각이 없는 거지, 이런 나는 아무래도 참 이상하고, 그렇다고 그 이상한 지점을 모른 척하고 넘어갈 수도 없고 그렇다.

바세린이 어디 있지? 하루 일을 마친 부부가 앞서거니 뒤서거니 씻고 들어와 나누는 대화, 저녁 시간이 흐르고 있다는 감각, 바세린. 가을이고 날이 건조해지고 있고, 곳곳에 바람이 스며들고, 바세린. 아버지는 집에서 소리를 지르고 있고, 엄마는 누구네 집 헛간에서 눈을 감고 무슨 생각을 하는지 모르고, 엄마가 이번에는 진짜로 마을을 떠날 생각을 하고 있는지도 모르는 그런 시간에 나는 남의 집 방에 누워 부부가 나누는 대화를 듣고 있다. 그 집 애 이름이 기억나지 않는다. 그 집에는 나보다 어린 남자애가 있었는데. 그 애 부모가 내준 방에서 하룻밤을 보내고 아침에 어떻게 그 집에서 나왔는지 하나도 기억나지 않는다. 어떻게 마당을 가로질러 집으로 왔는지 모른다. 나는 가을이 돼서 쌀쌀해질

무렵에는 바세린을 찾던 부부의 목소리를 떠올리고, 그 집 아주머니가 내준 서늘하면서도 깨끗했던 요를 떠올린다. 기억은 참 다행이다. 그날 있었던 다른 모든 건 삭제하고 부부의 대화만 남겨놓았다는 것이. 그 부분만을 감각적으로 기억하고 있다는 것이. 그 기억이 그 시절에 대한 그리움인 걸까. 만약에 말이다. 그게 너무 끔찍해서 그걸 기억하는 게 불가능할 정도로 끔찍해서 그걸 기억하면서는 살아가는 게 불가능했다면 나는 싹 얼굴을 바꾸고 아무 일도 없다는 듯이 그랬어야 하는데, 나는 기억하고 또 기억하고, 심지어 꿈속에서는 그 집 마당에 서서 방문을 바라보고 있기도 했다. 나는 어떤 사람인 건가. 내가 쥐고 내려놓지 못하는 게 뭐지? 그 집 마당에 서 있는 나를 보고 기겁해서 집으로 돌아와 이불을 뒤집어쓰고 꿈에서 깨어나는 나는 뭐지?

8

나를 동네에서 언니라고 부르던 애는 계속 같은 동네에서 살던 앤데 열 살이 넘어서야 가까워졌다. 한 번 가까워지고 나니까 그 애 없이는 뭘 못하게 되었다. 그 애는 바쁘고 그 애는 자주 집에 없고 나는 그때나 지금이나 할 일이 없다고는 할 수 없는데 심심할 때가 많아서 그 애 집에 갔다. 그 애 집에는 언니도 있고, 오빠도 있고, 남동생도 있고, 여동생도 있고, 불을 심하게 땐 흔적이 남아 있는 아랫목이 있으며, 무서운 아버지와 성마른 엄마도 있었다. 나는 한 번 가봤던 그 방에 가서 그 애랑 놀고 싶었는데 그게 잘 안 됐다. 대신에 그 애가 시간이 나면 나를 데리고 이 집 저 집 다녔다.

그렇게 해서 가게 된 집이 중호네 집이다. 호기롭게 중호라는 이름을 적기는 했는데 정확한지는 자신이 없다. 나는 그 애를 삼 년 전에 실제로 만나기도 했다. 그 애를 만나러 간 건 아닌데 그 애를 만났기 때문에 그곳에 가길 잘했다고 생각했던 장소는 내가 졸업한 국민학교 운동장이었다. 나는 거기서 체육대회 심부름을 했다. 중호도 거기서 심부름을 했다. 심부름을 하다가 같은 테이블에 앉아서 국밥을 먹었다. 중호네 집도 다른 집들과 마찬가지로 가로로 긴 직사각형 집이었는데, 좀 특이했던 건 직사각형이 시작되는 바로 그 지점에 대문이 있어서 대문 안으로 들어가자마자 방에 들어갈 수 있었다는 거다. 중호네 집은 그 방 말고도 안쪽에 여러 공간이 있었겠지만 나는 대문으로 들어가자마자 나오는 그 방에만 가봤다. 중호네 집에는 그 애 말고도 부모, 형, 누나들이 있었는데 집 밖에서 그들을 본 적 있지만 집 안에서 본 적은 없다. 우리들이 놀다 가라고 내준, 대문 바로 앞에 있는 그 방에만 가봤다. 혼자 간 적은 없었고, 나를 언니라고 부르는 애를 중간에 골목에서 만난 후에 같이 갔다. 과거를 떠올리는 문장을 적으면서 내가 자꾸만 이상해진다. 그 애도 나도 같은 마을에 살았는데 나는 왜 그렇게 그 애를 통하지 않고는 다른 집에 가는 게 어려웠던 걸까. 중호네 집은 저녁 먹고 집에서 나와 오분 정도 걸으면 나오는 집이었다. 있어? 물어보면 응 들어와, 중호가 대답해주는 집이었다. 놀고 있다가 중호네 부모님이 기침하는 소리가 들리면 아 시간이 벌써 이렇게 됐네, 이제 갈게, 그래 잘 가, 그렇게 인사를 나누며 각자의 집으로 흩어졌던 집이었다. 나중에 중호네가 다른 동네로 이사 갔다는 소식을 엄마를 통해 들었을 때는 그런가보다 하다가 나중에 꿈을 꾸었다. 꿈에서 나는 중호네 집에 혼자 갔다. 누가 볼까봐 뒤꼍으로 돌아가서 중호를 부르는데 이번에는 대답을 안 해주니까 혼자 달빛 아래 서 있다가 그냥 집으로 돌아와야 했다. 집으로 돌아오면서 불안한 마음이 들었는데 아니나 다를까, 이미 그때는 내가 살던 집은 아예 허물어져서 없어진 지 오랜 후였다. 돌아갈 집도 없으면서 집으로 돌아가는 길 위에 서 있으려고 중호네 집에 갔나, 그런 생각을 하니까 꿈속에서도 속상했다.

9

동네 공원에서 두 사람이 대화를 나누는 소설을 읽고 있다. 써놓고 보니 오해의 소지가 있어서 말하자면, 내가 동네 공원에서 소설을 읽고 있다는 게 아니라 두 사람이 동네 공원에서 대화를 나누는 소설이라는 얘기다. 또 써놓고 보니 어쩌면 소설이 아닐 수도 있다는 생각이 들고, 책 앞뒤로 살펴 소설인지 아닌지 확인할 수도 있지만, 그렇게 한다면 지금 여기에 적으려고 했던 문장이 휘발될 수도 있기에 우선은 미뤄둔다. 아무튼 소설을 읽어나가면서 이렇게 두 사람의 대화만으로 소설이 진행된다고? 그런 생각을 할 때쯤 서술 문장이 튀어나왔다. 동네 공원에서 대화를 나누는 두 사람이 등장하는 소설이라면 빠질 수 없는, '날씨'를 서술한 문장이다. "바람이 불어왔다. 그 온기로 여름이 다가오는 것을 예감할 수 있었다. 지나간 바람에 구름이 걷히고 새로운 열기가 도시에 퍼졌다." 바람이 불어오는 것과 동시에 서술자가 나타났다. 서술자는 어디 있다가 나타난 거지? 나타나준 게 반갑고, 사실은 대화가 진행되는 모든 순간에 나는 서술자를 의식하고 있었는데, 그러다가 어느 순간 두 사람의 대화에 빠져들었고, 서술자가 있다는 사실을 까먹었다가 이 부분에서 다시 서술자를 떠올리게 되었다. 서술자를 의식하다가 다시 두 사람의 대화에 빠져들 때쯤이면 또 날씨를 핑계 삼아 서술자가 나타나는 게 이 소설의 특징이다. "멎었던 바람이 다시 불어와 구름이 다시 걷혔고, 갑자기 따뜻해지는 공기 속에서 머지않은 여름의 기운이 다시금 느껴졌다." 소설을 사분의 일 정도 읽은 거지만 앞으로도 이런 패턴이 이어질 것이라는 기대를 하고 있다. 그걸 확인하기 위해서라도 얼른 소설을 읽고 싶지만 이것저것 할 일이 있어서 쉽지가 않다. 또 한편으로는 그걸 바로 확인하고 싶지 않아서 천천히 읽어야겠다는 마음을 먹는다.

10

마음을 먹는다는 말을 구어적 상황에서는 잘 안 하는데 문장을 적어나가다 보면 나도 모르게 하고 있다. 나를 언니라고 부르는 애 없이도 자주 갔던 집이 있다. 그 집에는 이례적으로 내가 그 애를 데리고 가기도 했다. 그 집에 대한 얘기를 시작해놓고는 이 얘기는 넘어갈까, 그런 생각이 비집고 들어온다. 그런데 그 얘기 하려고 이 글을 써나가고 있는 거니까 어떻게 잘 써보자고 마음을 다잡는다. 나는 또 평소에는 쓰지 않는 "마음을 다잡는다"는 말을 한다. 나는 문어체로 써야 할 글을 거의 구어체로 휘젓고 있다. 내가 집이라는 주제를 가지고 뭔가를 써보려고 할 때 도달하려고 했던 그 집까지 가려면 아직 멀었고, 내가 과연 그 집까지 갈 수 있을까 의심이 드는 마당에, 여기서 멈춘다면 나는 도대체 글을 쓰려는 사람인지 아닌지 헷갈리니까, 가보려고 하는데 너무 웃긴 건 내가 궁극적으로 도달해서 말하려는 그 집과 지금 내가 말하려는 집에 살던 이들은 서로 외사촌지간이었다는 거다. 나는 그들과 엮인 채로 그 마을에 살았다. 외사촌지간이었던 그들은 내가 살았던 동네에서 나와 밀접한 관계에 있었지만 지금은 너무 멀리 와서 그런 사람들이 있었던 건가 의심스럽기까지 하다. 그렇다면 그냥 없던 걸로 하면 될 텐데 나는 예기치 않은 순간에 문득 그들을 떠올리고 그들은 뭐가 미심쩍은지 꿈속에까지 따라 들어온다. 꿈과 현실이 마구 뒤섞여 내가 어디에서 살고 있는 건지 구분이 안 되는 지점까지 와 있다는 것은 참 성가시다.

나는 마을을 떠나고 나서도 종종 마을에 들렀다. 아버지가 묻혀 있는 산소에 가기 위해서였다. 아버지를 묻고 떠났기 때문에 나는 마을에 다시 들어가볼 수 있었다. 내가 아버지 산소에 자주 갈수록 아버지와 나는 괜찮아지는 것 같았다. 아버지가 보고 싶어서 그런 건지 마을에 대한 미련이 남아서 그런 건지 모르지만 나는 고등학생일 때도 중간에 잠깐 직장 생활을 할 때도 대학생이 되었을 때도 아버지 산소를 찾는다는 핑계로 기어이 마을을 찾았다. 한 사람을 깊이 사귀게 되었을 때는 그 사람을 마을까지 끌고 들어갔다. 지금 생각해도 그 사람한테는 미안하다. 지금도 그렇다. 그 사람을 아버지가 묻혀 있던 장소까지 끌고 들어갔던 얘기를 꺼내고 있으니 말이다. 그래야 이 글이 어딘가에 도착할 테니까. 그 사람을 건드리지 않고도 도착하면 좋을 텐데 그 사람 없이 어떻게 거기까지 가야 할지 방법을 모른다. 그런 식으로 나는 앞으로도 몇 사람을 더 끌어들여야 한다. '나는'으로 매번 문장을 시작하고 있지만 '나'는 내가 아닌 것 같다. 이 글을 끌고 가는 어떤 존재가 있어 나는 어쩔 수 없이 끌려간다고 말할 수밖에 없다. 시선이 있었다고, 혼자서 그 시선을 받았다면 그렇게 오랫동안 마음에 담아두지 않았을 거라고 말하면서.

버스를 몇 번 갈아타면서 마을로 들어서면서 언덕길을 오르면서 그렇게 산소에 도착했을 거다. 나는 지금 산소 가는 길을 알고 있으니까 그렇게 적고 있다. 읍내에서 이제 이 버스만 타면 도착한다고, 버스에 앞뒤로 앉아 열어놓은 창문으로 들어오는 바람이 참 시원하다면서 흩날리는 머리카락을 가만히 잡아주던 사람과, 여름날에 산소에 도착해 산소에서 할 수 있는 일을 한 후에 시선을 멀리 주었을 때, 건너편에서 누군가 내내 이쪽을 바라보고 있었다는 걸 알게 됐다. 멀어서 서로의 얼굴을 알아볼 수는 없었지만 나를 지켜봤던 쪽도 나도 서로가 누구인지 모르지 않았다. 그 장소에 있게 된다면 굳이 확인하지 않아도 누군지 안다는 것, 그게 내가 살았던 마을의 특징이다. 나를 내내 지켜보고 있던 여인은 나를 언니라고 부르는 애 없이도 내가 자주 갔던 그 집 어른이다. 그 어른이 멀리서 동네를 찾아 들어와 앉아 있다가 가는 나를 내내 지켜봤다는 걸 의식하면서, 나는 삶이라고 하는 매 순간이 내 두 발의 의지에 의한 것이기도 하지만 누군가 지켜보는 시선에 의한 것일지도 모른다고 생각했다. 그 감각은 지금도 여전히 남아 있다. 저 여인은 여전히 밭일을 하고 있네. 여전히, 라는 말에 의지해 나는 나한테 닿는 시선을 응대했다.

나를 지켜보던 그 여인은 죽고 없다. 그 여인에게서 난 사람, 사실은 그 얘기를 하려고 했지. 나한테 어떤 사람이었는지 그 시절에는 잘 몰랐다가 지금은 알게 된 사람이 살던 집에 대한 이야기. 그 집에 살던 사람은 중학교에 다니게 되면서 자주 마주쳤다. 중학교에 가려면 버스를 타야 했다. 다른 애들이 다니는 큰길로 가게 되면 돌아가야 해서 아랫마을에 살았던 그 사람과 나는 거의 농로에 가까운 길을 걸어 버스 정류장까지 갔다. 내가 집에서 나와 버스를 놓치지 않으려고 막 걸어갈 때 그 사람이 보이면 안심이 됐다. 그 사람이 뭘 해서가 아니라 그 좁은 길에 나타나서였다. 그렇게 몇 년을 같이 다니는 동안 나도 모르게 그 사람을 의지하게 되었다는 건 나중에 가서야 알았다. 그 사람도 앞에서 언급했던 그 체육대회 운동장에 왔었다. 오긴 했는데 심부름은 안 하고 바쁘다고 그냥 가버렸다. 어렸을 때는 도통

바빴던 적이 없었던 것 같은데 그날은 그냥 가버려서 섭섭했다. 그 사람 집은 죽은 아버지를 묻은 산소에 가기 위해 지나야 하는 길목에 있어서 내가 마을을 떠나고 나서도, 그 사람이 그 집을 떠나고 나서도, 그 어머니가 떠나고 빈집이 된 다음에도 계속 봐야 했다. 나는 그 집 우물에서 한밤중에 오줌을 눈 적이 있다. 나는 그 사실을 그 사람이 모르지 않는다는 사실을 알고 있다. 그 사실 때문에 나는 한동안 그 사람을 멀리했고, 하루는 하교 버스에서 내려 한참을 걸어 집으로 오는 길에 나를 막아서면서 도대체 왜 그러느냐고, 내가 뭘 잘못했냐고 따지는데 그 사람이 잘못한 건 없고, 나는 내가 밤늦게까지 그 사람 집에서 놀다가 그 사람과 아주 가까워졌고 오줌까지 누었다는 사실을 내가 견디지 못해서 그 사람에게 쌀쌀맞게 대했다는 사실을 모르지 않아서 화가 나 있었다. 내가 견디지 못하는 나를 알아본 사람을 어떻게 대해야 할지 그때도 지금도 잘 모르겠다.

나는 이 문장들을 적기 싫어서 책상 앞에 며칠 동안 앉지 않았고, 매일 책상 앞에 앉았더라면 적었을 문장과는 다른 문장을 적고 있다. 동네 공원에서 두 사람이 대화를 나누는 소설처럼은 쓸 수 없고, 서술자를 멀리 떼어놓을 수도 없어서 이러고 있다. 서술자와 나는 같이 붙어 다니다가도 누구 하나가 도망치듯 달아난다. 나는 소설을 쓰고 있는 것도 아니면서 소설을 의식하고 있다. 그랬으니까 산소 건너편에서 이쪽을 바라보던 여인의 시선에 붙들려 있었겠지. 시선을 되돌려주면서 저 여인은, 저 여인의 아들은, 그 집은, 이러고 있겠지. 소설을 쓰고 싶은 건지 소설처럼 살고 싶은 건지 모르겠지만 소설을 생각하는 것만으로도 괜찮아지기도 한다. 나는 소설 같은 뭔가를 쓰고 싶고 그런 날이 오는 건 내가 살던 동네에서 떠나 여기저기 헤매며 살게 된 시간만큼이나 아득하다. 나는 이런 아득한 얘기를 원고지 100매만큼은 쓰고 싶고 아까부터 오줌이 마렵다. 이게 꿈이라면 나는 절대 오줌을 눠야 할 자리에서 오줌을 누게 되지 않을 거고, 그렇다는 건 세상에는 그렇게 많은 현실적인 장소가 있지만 여기다 싶은 장소를 누구나 갖게 되지는 않는다는 걸 의미한다. 장소는 언제나 거기 있는 것 같지만 장소는 어디로 자꾸 가버린다.

11

내가 여기에다 경화 언니라는 말을 쓰면 어떻게 될까. 나는 지금 어릴 때 이름을 지금의 이름으로 바꾸고 영화 〈마더링 선데이〉에 나오는 주인공처럼 작가가 되어 기억을 연습하는 텍스트를 적어나가고 있다. 이름 정도는 바꿔서 경화 언니에 대해 얘기하면 좋을 텐데, 그 이름을 적지 않고 그 시절을 얘기하는 게 가능한지도 모르겠고, 그렇지만 그 이름을 여기다 적으면 나한테는 의미 있을지 모르지만 경화 언니한테는 크게 실례가 될 수 있으니까 이름을 바꿔야 한다. 다 쓰고 나서 찾아 바꾸기를 하는 방법도 있으니까 우선은 있었던 그대로, 살구가 익어가던 계절의 한 장면으로 들어간다. 가긴 가는데 왜 이렇게까지 가야 하는지 모르겠다. 그런 걸 꼭 적어야 하는지 모르겠다. 무엇을 위해서, 경화 언니도 싫을 테고 나한테도 힘들고, 그렇지만 텍스트한테는 좋을 수 있나, 텍스트는 뭐길래 그런 게 좋을 수 있나, 나는 기어이 집에 대한 글을 쓰기 시작해서 여기까지 온 내가 싫고, 그렇지만 텍스트를 적어나가는 내가 있어서 나는 조금씩 살고 있다고 느끼니까, 모른 척하면서는 쓸 수 없고, 그러니까 소설을 썼으면 좋았을 텐데, 처음부터 시가 아니라 산문이 아니라 소설을 썼으면 좋았을 텐데, 나는 그런 몸은 아닌 거다. 시에서 경화 언니에 대해 안 쓴 건 아니다. 안 쓴 건 아닌데 경화 언니가 내가 쓴 걸 본다고 해도 그게 어느 부분일지 알지도 못하게 썼으니까 그냥 텍스트인 채로, 디테일은 나한테만 속한 채로 살아가는 게 됐고, 그렇게 살아가는 게 무슨 의미가 있냐고 나는 저녁이 되면 혼자 퇴근하고 와서, 멍하니 앉아서 왜 쓰는 사람이 됐냐고 중얼거리고. 그럴 때는 쓰는 친구들을 떠올린다. 친구들한테라면 이해받을 수 있을지도 모른다고 생각한다. 친구들은 매번 뭐 이해하는 그런 위치에 있고 싶겠냐고 위축되다가도 그 살구나무 아래에 경화 언니와 내가 그 여름날에 함께 있었다는 것, 그런 걸 누구한테 이야기하느냐 말이다. 친구들한테도 안 한 얘기를 나는 적어나가고 있다. 중학교에 다니는 경화 언니가 사다 준 종이 인형을 오려서 상황극을 한다. 나는 중학생이 되려면, 버스를 타고 읍내에 나가는 애가 되려면 시간을 더 겪어야 한다. 상황극에 어울리는 캐릭터가 없으면 색연필로 그려서 상황극을 한다. 경화 언니나 나나 여기를 벗어나는 캐릭터를 떠올리지는 못했던 것 같다. 상황극 안이 비좁다고 느낀다. 덥지 않느냐고. 우린 밖으로 나가 수돗가에 있는 고무통에 물을 받아 그 속으로 들어간다. 벗은 옷은 살구나무 가지에 걸쳐두고. 고무통은 충분히 커서 들어가 앉으면 밖에서는 누가 거기 있는지 모른다. 시원했던 물이 식어서 미지근해질 때까지 들어앉아서 살구나무를 보고 있으면 툭, 툭 살구가 떨어지기도 했던 여름날에 경화 언니네 집 마당을 걸어 들어오는 사람이 있었다. 마당을 걸어 들어오는 사람이 있기 전까지는 아무 생각이 없었는데 무슨 잘못을 하다가 들킨 기분이 들었다. 마당을 걸어 들어온 그 사람도 그랬을 것이다. 여름날 시골에서는 한창 바쁜 그 시간에 남자 어른이 일은 안 하고 그 마당을 걸어 들어와서, 경화 언니네가 조그맣게 차려놓은 가게 앞까지 걸어가서 주변을 둘러보다가 문을 열고 들어와 소주 한 병을 들고 나오는 모습을 경화 언니와 내가 숨죽여 지켜보고 있었는데, 그 사람은 다름 아닌 내가 너무나 잘 아는 사람이라서 경화 언니는 내 얼굴을 쳐다보고, 니 아버지가 또 술을 마시기 시작했나 보다고, 나도 고개를 끄덕이며 그렇게 된 모양이라고.

한여름 뙤약볕이 내리쬐는 고추밭에서, 한 고랑을 다 더듬어 빨갛게 익은 고추를 비료 푸대에 담아 들고 나와서, 아버지가 담배 한 대를 입에 물 때, 아부지는 담배가 좋아? 담배가 맛있어? 물어봤던 기억. 좋지, 연기를 길게 내뿜으며, 담배가 없었으면 고추를 따기 더 힘들었겠지, 그때의 아버지보다 나이를 더 먹은 나도 아는 얘기다. 한 고랑을 다 더듬어 나오면 담배 한 대를 피울 수 있다. 아버지가 경화 언니네 마당을 가로지르고 있다. 작년에 경화 언니 아버지는 그 마당에 드러누워 있었다. 동네 사람들이 둘러싸고 있었다. 온몸에 멍이 들었다고 했다. 험한 말들이 마을을 돌아다녔다. 그 여름에 고무통에서 나와 옷을 입고 각자의 집으로 돌아갔던 우리는 띄엄띄엄 골목에서 마주치는 그런 사이가 되었다. 괜히 아버지들 때문에 각자의 주머니에 손을 찔러 넣고 고개를 숙이고 다니는 여자애들이 되어 나이를 먹고 동네를 떠나는 그런 사이가 되어버려서 아버지라는 사람들은 도대체 어떤 사람들인가 그런 생각을 했다.

이런 아버지도 있었다. 아버지는 겨울방학 소집일에 다녀오게라도 되면 고구마를 넓적하게 썰어 석쇠에 가지런하게 올려놓고 화롯불에 구운 후에 언제 오나 고개를 내밀어 신작로를 바라보던 아버지이기도 했다. 뜨거운 여름날에 담뱃잎을 말리는 건조실에 조개탄을 집어넣느라 얼굴이 달아오르면서도 감자를 조개탄 사이에 넣었다가 딸아이를 불러서 후후 불어가며 껍질을 까 입에 넣어주던 아버지이기도 했다. 일하러 갈 때 일부러 내가 다니던 국민학교 운동장을 지나가기도 했다. 쉬는 시간까지 기다렸다가 친구들과 깔깔거리며 계단을 오르내리던 나를 불러 눈을 마주친 후에야 휘파람을 불며 일하러 가던 아버지. 아버지의 뒷모습이 지금도 생생하다는 게 새삼스럽다.

12

우리 집 얘기를 마지막으로 해야겠다. 해방구와 같았던 우리 집. 봄에 아버지가 죽고 대학을 다니던 오빠를 집으로 불러들여 한 해 농사를 끝내자마자 가을에 엄마는 집을 떠났다. 엄마는 언제든 집을 떠날 수밖에 없던 사람이었는데 그해 가을에는 기꺼이 떠났다. 먼저 가서 자리를 잡은 후에 너희들을 데리러 오겠다고. 그래서 나와 여동생 둘이 그 집에 남았다. 그 집은 이사를 나온 후에 고등학교에 입학하고 내내 참다가 가을에 아버지 산소에 다녀온다는 핑계로 동네에 들어갔을 때 가보니 배추밭이 되어 있었다. 초록색을 왜 시퍼렇다고 하는지 나는 그때 알게 됐다. 아직은 배추밭이 되기 전 그해 겨울, 그 집으로 동네 애들이 몰려들었다. 겨울방학에 들어섰을 때는 거의 애들이 우리 집에 와서 살았다. 나는 어떻게 해서든지 동네에 있는 다른 집에 가보고 싶었는데 이제는 그럴 필요가 없어졌다. 동네 애들이 우리 집으로 왔기 때문이다. 나는 지금도 이상한 게 동네 어른들 누구도 거기에 대해서는 뭐라 한 적이 없다는 거였다. 나는 그때 친구들을 많이 사귀었다. 우리 동네에서 조금 떨어져 있는 마을에는 내 또래 여자애들이 몇 있었는데 그 무렵에는 그 애들과도 친해졌다. 학교가 끝나고 나면 우리 집에 와서 같이 숙제도 하고 수다도 떨다가 저녁 시간이 되면 집으로 돌아갔다. 저녁을 먹은 후에는 나를 언니라고 부르는 애랑 동네에 있는 내 또래 남자애 여섯 명이 앞서거니 뒤서거니 놀러 왔다. 물론 내 친구들만 온 건 아니었다. 나보다 네 살, 여섯 살 어린 동생의 친구들도 쭈뼛거리며 들어서서 나중에는 허물없이 같이 놀았다. 생각해보니까 겨울이었고 난방을 해야 했는데 동네 애들이 집에서 나무를 가져와 그걸로 군불을 때고 남은 불을 화로에 담아 와 가래떡이랑

고구마를 구워 먹기도 했다. 나는 그때 처음으로 팝송을 들었다. 팝송을 틀어놓고 같이 춤을 추기도 했다. 나는 그때 여섯 명이나 되는 내 또래 남자애 중 한 명한테 고백을 하기도 했는데 차였다. 그때 우리 집에 와서 놀던 아이들은 우리 가족이 인근 도시로 나가 살게 되면서도 가끔 놀러 오기도 했는데 시간이 지날수록 뜸해졌다. 그 이후에도 나는 여러 가지 일을 겪었는데 누군가의 집에 놀러 가고 싶다는 생각을 하지는 않았던 것 같다. 내가 어렸을 때 살았던 동네를 떠올리면서, 너무나 가보고 싶었지만 안 가본 집이 많았고, 그건 나를 집을 그리워하는 사람으로 살게 만들었다. 그래서 그렇게 꿈을 많이 꾸었던 것 같기도 하다. 어느 시점에서부터는 더 이상 그런 꿈을 안 꾸게 되었지만 살던 동네에서 이사를 나오고 몇 년 동안은 정말 다리가 떨어져 나갈 정도로 동네에 다녀오곤 했다.

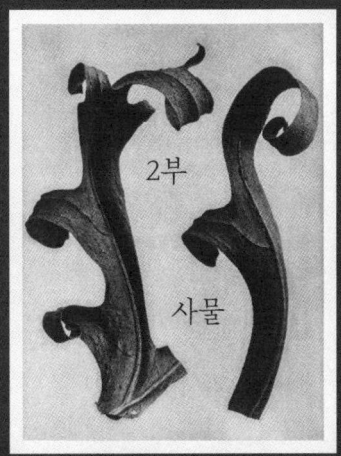

2부

사물

우산 걱정

일상을 결정적으로 망가뜨리는 것은 아니지만 집요하게 신경 쓰이게 만드는 것 중 하나가 입술 아래턱에 발생하는 어떤 기운이다. 흔히 하관이라는 부르는 곳에 통증을 유발하면서 다른 부위보다 조금 더 붉고 조금 더 높아져서 온 신경을 그곳으로 모이게 하는 증상 말이다. 한 달 주기로 반복되는 육체적 변화 과정에서 호르몬의 영향으로 발생하기도 하고 며칠 늦게까지 술 마시며 돌아다니다 보면 스멀거리면서 올라오기도 한다. 신경을 쓰면 쓸수록 더 넓어지고 단단해진다. 에라 모르겠다 싶어지게 만든다. 에라 모르겠다의 상태가 중요하다. 그래야 신경을 분산시킬 수 있기 때문이다. 그러다 보면 제풀에 지쳐서 부풀어 오르다가 서서히 물렁해지고 성난 기운이 빠져나간다. 질척하던 부위가 조금씩 마르기 시작하면서 주변의 붉은 기운을 끌어 모으며 검은 딱지가 생겼다가 떨어져 나간다. 조금 거뭇한 기운은 남겠지만 주변의 다른 부위처럼 평평해진다. 시간이 지나면 알게 되는 것. 한 번이 아니라 여러 번 반복하면 알게 되는 것. 올여름엔 지나간 여름들과는 다른 방식으로 비가 내려서 우산을 갖고 다녀야 했다.

버스를 타면 앞 좌석 손잡이에 걸어놓는다. 버스에서는 가만히 앉아서도 할 일이 얼마나 많은지 내려야 하는 순간은 갑작스럽게 다가오고 버스에서 내린 후에야 우산을 두고 왔다는 사실을 알게 된다. 우산에게 신경을 끝까지 쓰는 날은 용케 들고 내릴 수도 있었다. 그렇다고 끝난 건 아니다. 지하철로 갈아타야 하는 일이 남았다. 좌석에 앉게 되면 우산을 무릎 사이에 끼워놓게 되니까 딴짓을 하게 되더라도 놓고 내리는 일은 생기지 않는다. 좌석이 없어서 서 있게 될 때가 문제다. 우산을 들고 딴짓을 하긴 어려워서 우산을 선반 위에 올려놓는다. 올려놓으면서도 불안하긴 하다. 저걸 들고 내리게 될까 싶다. 그렇더라도 우산만 쳐다보면서 긴 시간을 있을 수는 없다. 그렇게 또 우산을 놓고 내린다. 지하철역 바깥으로 나왔을 때 비가 오면 편의점에 들러 우산을 산다. 가장 저렴한 비닐우산으로. 오늘도 갖고 나온 우산을 써먹지는 못했구나 자책하면서. 약속 장소에 도착해서는 우산을 벽에 세워두고 볼일을 본다. 밖으로 나올 때 비가 오면 우산을 들고 나오게 되지만 비가 안 오면 우산 같은 걸 벽에 세워두었다는 사실은 잊게 된다.

어제는 퇴근하면서 동료에게 우산을 빌렸다. 지금은 비가 안 오지만 언제 비가 올지 모르니까 빌리면서도 내가 이걸 다시 들고 출근하게 될지 자신은 없었다. 약속 장소까지 가기 위해서는 버스를 두 번 갈아타고 지하철을 한 번 타야 했다. 거기다가 한 시간 일찍 도착했기 때문에 어디 들어가서 끼니를 때워야 했고 그래도 그때까지는 무사히 우산을 들고 다녔다. 약속 장소에 도착해 예정된 일정을 무사히 끝마치고 뒤풀이 장소로 이동할 때까지도 우산을 들고 있었다. 하지만 너무 많이 이동한 것이다. 집에 왔을 때는 당연하다는 듯 우산이 없었다. 아, 우산은 무엇이란 말인가.

　　어디 안 가고 집에 가만히 있으면 우산을 쓸 일도 없는데. 이번 여름엔 밖에 나갈 일이 많았고. 그것도 한 군데만 들렀다가 바로 돌아오는 일정이 아니었고. 한 번 나가면 몇 군데를 들러야 했다. 그럴 때마다 우산을 들고 있을 수는 없으니까 우산은 어딘가에 놓여졌다. 일을 보는 동안에는 우산 생각을 안 했다. 일을 할 때도 우산 생각에 빠져 있다면 일을 망치게 될 테니까. 나는 일을 보는 동안에는 일에만 집중하고. 그렇게 해서 집에 돌아올 때쯤엔 오늘도 우산을 어딘가에 두고 왔군, 중얼거리게 된다. 만약에 가을도 없고 겨울도 없다면 그래서 여름만 계속 된다면 나는 우산 때문에 미쳐버렸을지도 모른다. 그렇지만 세상에는 내가 장소를 옮겨 다니는 동안에 두고 온 우산과 똑같이 생긴 우산이 없어지지 않을 만큼 많고. 돈을 낸다면 어디서나 구할 수 있고. 하지만 우산은 비만 오면 무성하게 어디서나 자라는 풀은 아니고. 누군가에 의해 끊임없이 생산되어야 하는 건데. 내가 아무 데나 놓고 온 우산을 누가 사용하면 좋겠지만 다른 사람이 쓰던 우산은 잘 안 쓸지도 모르고. 그런 우산은 누가 어떻게 처리할지. 우산은 풀이 아니라서 저절로 없어졌다가 저절로 생겨나는 건 아니라서. 게다가 자연을 훼방하는 물건이 될지도 모르고.

비가 오는 날에는 학생들이 저마다 우산을 들고 왔다가 하교할 무렵에 비가 안 오면 우산꽂이에 두고 갔다. 학교에서 담임을 할 때의 이야기이긴 하지만 그렇게 학생들과 일 년을 보내다 보면 우산꽂이 한가득 우산이 남겨져 있고. 나는 비가 오면 저 우산을 하나씩 사용해야지, 그렇게 마음을 먹어도 길을 나서면 없는 게 우산이다. 그래도 괜찮지. 학교에는 학생들이 언제나 있으니까. 교사도 언제나 있으니까. 하지만 언제부턴가 학생도 줄어들고 학급도 줄어들고 그러다가 학교가 없어지기도 하는데. 그러면 남아 있는 우산은 어떻게 되는 거지.

다른 우산도 생각난다. 주중에는 다른 도시에서 생활하다가 금요일 저녁이면 내가 살고 있는 도시로 오는 사람을 종종 생각하면서 살던 때. 금요일마다 그 사람을 기다린 건 아니지만 내가 금요일에 시간이 되고, 그 사람을 만나고 싶어지는 그런 금요일에. 당신이 지하철을 갈아타기 위해 내리는 바로 거기에서 기다릴게. 문자를 보내고. 그 사람한테 답장이 온 것도 아닌데 앉아서 기다렸다. 그 사람이 오기로 마음을 먹었다면 충분히 오고도 남았을 시간이라고 생각해버린 다음에 나는 갑자기 생각난 듯이 집으로 돌아오는 지하철에 올랐고. 그날 가지고 나갔던 우산을 놓고 왔다. 나는 지금도 가끔 그 우산을 생각한다. 그 사람이 나중에라도 와서 그 우산을 들고 갔기를. 우산을 일부러 남겨두고 온 건 아니고 우산을 옆에 세워두고 뭔가에 집중하다 보면 우산이 있다는 사실을 잊게 되니까 그렇게 된 거라고. 그 사람과 그 우산이라고 말할 때의 우산은 내가 앞에서 걱정했던 그런 우산은 아니고 의인화된 우산이라서 지금 생각하면 내가 뭔가 잘못한 우산에 가깝다.

집에서 입는 옷

밖에 나갔다가 들어와서 가장 먼저 하는 일은 옷을 갈아입는 거다. 집에서는 가만히 있는 것 같아도 뭔가를 계속하니까 집에서 입는 옷에는 뭘 묻히게 된다. 오늘은 일주일 동안 비어 있던 방에 들어와 책을 읽으려고 하는데 내가 움직일 때마다 그동안 쌓인 먼지가 흩날려서 콧물이 자꾸 흘렀고 집에서 입는 옷이니까 그러면서 소매에 콧물을 닦았다. 집에서 입는 옷은 집이니까 뭐 그러면서 콧물도 묻히고 먼지도 묻힌다. 거의 손이나 다름없다. 심지어 손에 묻힌 물도 집에서 입는 옷에 닦다 보니 집에서 입는 옷은 언제 빨아도 이상하지 않아서 자주 빨게 된다. 그러니까 집에서 입는 옷이 불결하다느니 추레하다느니 그러면 안 된다. 일부러 집에서 입는 옷을 살 수도 있지만 집에서 입는 옷의 좋은 점은 꼭 그러지 않아도 된다는 거다. 밖에 나갈 때 입던 옷을 집에서 입는 옷으로 정하면 된다. 그러다 보니 밖에 나갈 때 입는 옷을 구입할 때도 나중에 집에서 입는 옷이 될 수도 있으니까 집에서 입을 때도 불편하지 않게 고르게 된다. 그렇게 나는 집에 최적화되어간다. 되어가는 일은 방향성을 갖는다.

겨울이 끝나고 여름이 되었다. 겨울이 끝난 게 언젠지 정확하게 말하기는 어렵지만 지금은 여름이라고 확실하게 말할 수 있다. 여름옷이 다 나왔기 때문이다. 겨울

옷은 이제 완전히 들어갔다. 겨울옷을 여름옷으로 바꾸는 작업은 한꺼번에 이뤄지지 않았다. 따뜻해지나 싶으면 추웠고 더워지나 싶으면 선선했기 때문이다. 비로소 여름옷을 전부 꺼내놓았으니 여름이라고 못 박아도 된다. 꺼내놓은 여름옷을 어떻게 할까 고민하다가 물건 하나를 방 안에 들였다. 침대 프레임을 해체할 때 나온 목재로 만든 엉성한 두 칸짜리 선반이다. 책꽂이로 쓰다가 화분대로도 쓰다가 베란다 한쪽에 방치했던 걸 닦아서 방에 가져다 놓은 거다. 집에서 입을 수 있는 여름옷을 모두 모아 거기다가 수납했다. 나이도 먹을 만큼 먹었고 직장 생활도 할 만큼 해오고 있었기에 그동안 집 안에 들인 여름옷이 꽤 되었다. 내 것만 있는 것도 아니어서 모아놓고 보니 그동안 이 집에 살았던 사람들의 모습이 주마등처럼 지나갔다. 여전히 같이 살고 있는 사람도 있고 아주 나가 사는 사람도 있고 잊을 만하면 들어와 며칠 있다가 나가는 사람도 있어서 모아놓은 옷을 집어 입을 때마다 그 모든 들고남을 반복하는 기분이 들었다. 여럿이 하던 반복을 혼자서도 할 수 있다는 기분이 들었다. 그동안의 티셔츠와 반바지와 민소매 원피스를 그 엉성한 선반에 모두 수납해두고, 눈에 잘 보이는 곳에 두고, 오며 가며 집어 입는다는 문장을 적고 있으니 살아가고 있는 것 같다. 입었던 걸 빨아서 말린 후에 다시 개어 놓으면 뭔가 순환이 이뤄지는 것 같다. 주말에는 그것만 해도 사는 것 같다.

지금 입고 있는 건 브이넥 그레이 티셔츠에 네이비 반바지다. 둘 다 오래되었지만 그레이 티셔츠는 더 오래되었다. 처음 사서 입기 시작했을 때는 네이비 면 스커트 속에 집어넣고 브라운 벨트를 하고 나서면 꽤 괜찮았다. 괜찮았다고 말하는 이유는 그걸 입고 출근했을 때 누군가가 딱 제 스타일이에요, 그런 말을 건넨 적 있기 때문이다. 오래전 일이다. 그렇더라도 한 번 그런 말을 들었던 티셔츠라 지금도 여전히 괜찮은가 그런 기분이 들어서 집에서라도 입고 있다. 입은 후에 빨고 나면 다른 걸 집어 입어야 하는데 다 말라 있으면 그걸 또 입게 된다. 네이비 반바지는 다른 가족이 입었던 건데 두고 나가버렸기 때문에 입고 있는 거라서 따로 할 말이 있지는 않다. 허리를 조이지 않는 데다가 적당한 길이감을 갖고 있어서 집에서 입는 옷으로 선호하는 편이다.

엄마를 생각하면 엄마가 집에서 입었던 옷이 생각난다. 중학교 3학년 봄에 아버지가 돌아가시고 그해 가을에 엄마는 내 진학 문제로 상담을 하러 학교에 왔었다. 기계식으로 짠 보라색 조끼 스웨터를 입고 왔었다. 그해 가을에 동네 아주머니들도 많이 입었던 스타일이다. 상담이 끝난 후에 엄마와 버스를 타고 집으로 돌아오던 때 엄마 스웨터에는 검불이 하나 붙어 있었고 나는 엄마 뒷자리에 앉아서 그걸 떼어냈다. 떼어내면서 '엄마가 들일을 하다가 부랴부랴 학교에 왔겠구나' 독백을 했던 것 같다. 생각만 하고 독백을 하지 않았을지도 모르지만 했다고 적으면 그때의 엄마와 조금 더 가까워질 것만 같다. 버스에서 내려 엄마 팔짱을 끼고 집으로 걸어올 때 그 옷에서 나던 냄새는 지금도 기억이 생생하다. 나는 지금도 그 옷과 그 옷에서 나던 냄새가 엄마라고 생각한다. 내가 퇴근하고 와서 집에서 입는 옷으로 갈아입고 저녁밥을 지을 때 딸아이가 킁킁거리면서 나한테 달라붙을 때 나는 그 애가 냄새를 맡고 있다고 생각한다. 생활의 냄새. 그 불안하면서도 안정적인 냄새. 생활은 불안과 안정을 넘나든다. 저이가 내내 생활에 붙어 있을까. 어느 순간 달아날까. 나는 퇴근하고 와서 우선 맥주를 마시고 직장 생활과 가정생활의 그 아슬아슬한 경계에서 어느 정도는 휘청이면서 저녁을 준비하고 있었을 텐데. 그럴 때 나한테 달라붙는 딸아이한테는 알코올 냄새와 갓 찧은 마늘 냄새가 뒤섞여 있었을 텐데. 생활은, 생활이라고 하는 단어가 기능하는 경계는, 어느 한쪽으로 확 넘어가지는 못하고 엉겨 붙고 희미하게 달라붙어서 풍기는 냄새일지도 모른다고. 계절이 바뀔 때면 미세하게 달라지는 그 냄새에 달라붙어 밥을 먹고 불안을 먹고 조금씩 키가 컸다는 생각.

좋은 기억

그건 참 좋은 기억이네요. 독서 모임에서 이런저런 이야기를 나누는 가운데 누군가 이모에게 실뜨기 배우는 소설 속 장면에 대해 말했고, 나는 그 맥락에서 슬그머니 미끄러져 나와 나만 아는 어릴 적 장면 속으로 들어가버렸는데 그럴 때 내 표정이 어떤지 나는 모르지만 아는 친구가 있어서 왜, 또 혼자 무슨 생각을 하느냐고 그러는 건데 하고 짓궂게 물어왔다. 나는 내가 들어가 있는 그 장면에 대한 이야기를 했고 앞에 앉은 누군가한테 그건 참 좋은 기억이네요, 라는 말을 들었다. 그런 말을 듣고 나니까 나는 집에 와서도 그것에 대해 자꾸만 생각하게 되고, 그것 말고도 좋은 기억이네요 할 만한 게 또 없을까 기억을 뒤적이게 됐다. 양치를 하면서도 뒤적뒤적, 책을 읽으면서도 뒤적뒤적. 그러다 보니 몇 문장 읽지도 않았는데 거기에 뭔가가 있을 것 같아 조바심이 났다. 이런 식으로는 아무것도 안 될 것 같아 중얼거리다가 어쩌면 신발 때문일지도 모른다는 생각이 들었다. 의자에서 벌떡 일어나 신발장으로 갔다. 이사를 오면서 몇 년 동안 방치해둔 신발들을 끄집어내 버릴 것은 버리고 버릴 수 없는 것들은 큰 대야에 뜨거운 물을 받아 담갔다. 비누칠을 하고 수세미로 쓱쓱 문지른 다음에 세탁기에 집어넣고 돌렸다.

아 신발이라니! 신발은 건드리는 게 아니었다. 몇 개의 신발에 비누칠을 해서 거품을 내는 동안 몇 개의 장면이 되살아났다. 폭포 앞에 서 있었던 장면은 지나치게 선명해서 들고 있던 신발을 집어 던질 뻔했다. 눈이 많이 내려 버스가 다닐까 걱정하면서 나선 길이었고, 버스를 타고 한참을 가서 내린 후에 눈밭을 걸어 올라가 절 마당을 지나친 다음에 마주친 폭포였다. 그때 폭포 앞에 같이 서 있었던 사람은 어디 멀리 가서 살고 있다. 그 사람을 아주 안 떠올리는 건 아니지만 멀리 가서 살고 있으니 그만 떠올려도 괜찮을 텐데 그 사람이 신었던 신발이 떠올랐다. 눈이 많이 내리는 곳에 가는 거니까 그런 곳을 걷기에 좋은 신발이면 좋겠다고 해서 그 사람이나 나나 발목 위까지 올라오는, 부츠라 하기도 그렇고 운동화라 하기도 그런, 어중간한 신발을 신고 와서 서로의 신발에 시선이 머물렀다. 폭포는 위에서 아래로 떨어지니까 자연스레 시선이 서로의 신발에 이르렀다고 말해볼 수 있겠으나 일이 그런 식으로 진행되지는 않았다. 버스에서 내려 앞서거니 뒤서거니 눈길을 걸어 언덕을 오르는 내내 서로의 신발을 보고 있었다는 게 사실에 가깝다. 그 시선이 머물던 순간에 대한 기억을 여럿이 있는 자리에서 말한다면 좋은 기억이라는 말을 듣게 될까. 알 수 없다. 그 장면을 떠올리려고 신발에 거품을 냈던 건 아닌데 아무튼 폭포 앞까지 다녀오고 무슨 일인지 모르겠다.

세탁기에서 신발을 꺼내 와 방에 들여놓았다. 방은 거실이나 베란다보다는 따뜻하니까 잘 마르라고 그런 건데 짝을 맞춰 가지런히 놓아두니까 저 중에 하나를 신으면 어디든 갈 수 있겠다는 생각도 들고, 밖의 물건을 방 안에다 두는 게 어떨까 싶다가도 어차피 저 신발들은 방 안에만 있지는 않고, 하나둘 밖으로 나갈 거니까 크게 상관하지 않아도 될 거라고 편하게 마음을 먹으려는 순간, 두 가지 장면이 떠올랐다. 하나는 밖의 물건을 방 안으로 들였던 것과 관련이 있고 또 하나는 밖으로 나가기 위해 필요했던 신발과 관련이 있다. 둘 다 왼발 뒤꿈치를 오토바이 바퀴에 갖다 대는 바람에 크게 다쳐 허벅지까지 깁스를 했던 열 살 무렵에 있었던 장면으로 좋은 기억과 나쁜 기억이 뒤섞여 있다. 그 무렵 틈만 나면 밖에 나가서 동네 여자애들과 공기놀이를 하느라 집에 들어오는 시간을 놓쳐서 엄마를 성가시게 했었는데, 엄마가 그걸 놓치지 않고 기억했다가 방 밖으로 나가지 못하는 나를 위해 내가 밖에서 했던 놀이를 방 안으로 들여왔다. 그게 좋은 기억이었던 이유는 방바닥 가득 펼쳐져 있는 공깃돌을 다 따먹기 전에는 엄마도 나도 일어나지 않아서 다른 식구들을 성가시게 했다는 데 있다. 깁스를 풀고 조금씩 움직이기 시작하다가 몇 달 만에 등교하게 되었을 때 엄마가 나한테 신게 한 신발이 뒤꿈치가 막혀 있지 않은 것까지는 좋았는데 그게 동네 아주머니들이 주로 신는 플라스틱 슬리퍼라서 학교 애들이 그걸 갖고 수군거리며 놀렸다는 건 나쁜 기억에 가깝다.

그냥 계속 읽던 책이나 읽었더라면 떠올리지 않았을 장면을 신발을 꺼내놓다 보니 떠올리게 됐다. 역시 신발은 건드리는 게 아니었다. 그 밖에도 신발과 관련해서 떠오르는 장면들이 여럿 있지만 여기서 그만해야 한다. 하나의 장면을 끄집어내면 그와 관련된 또 다른 장면이 이어질 것이고 끝도 없이 이어지는 장면을 다 기억해서 적는다는 건 불가능할 뿐만 아니라 어느 장면에서 걸려 넘어질지 모르기 때문이다. 신발장을 정리하면서 몇 개의 신발을 모아 내다버린 건 어쩌면 잘한 일이다. 뭔가를 하다가 나도 모르게 벌떡 일어나 신발장 앞으로 걸어가는 일은 언제든지 발생할 수 있으니까.

연필을 주워서

실내화가 발에 걸리지 않아서 책상 아래쪽 공간에 머리를 집어넣다가 발견했다. 노란색 연필을. 이걸 언제 떨어뜨린 거지. 나는 뭘 잘 떨어뜨리고 흘리는 사람이라는 걸 알 만큼은 아는 나이가 돼서 또 그런가보다 하고 연필을 주웠다. 미세하게 달랐다. 우선 색깔이 내가 갖고 있는 노란색보다는 짙었다. 길이도 그렇다. 나는 여러 개의 연필을 동시에 사용하고 있어서 이렇게까지 짧아진 연필은 생경했다. 내 앞자리를 바라보았다. 앞자리 그 사람인가. 떨어뜨린 사람이. 그 자리는 꽤 오랫동안 비어 있다. 몇 달 되었다. 어쩐지 그 사람과는 무관하다는 느낌이 든다. 사실이 어쨌든 무관하다고 생각하려 든다. 먼지가 앉은 걸로 봐서 이건 오래된 연필이라고 말해본다. 내친 김에 휴대전화를 닦으려고 꺼내놓았던 소독 솜으로 먼지를 닦는다. 휴대용 연필깎이에 넣고 몇 번을 돌린다. 나무와 흑심이 깎여나가면서 속엣것이 드러난다. 연필 냄새가 난다. 이젠 거의 나에게 속한 연필처럼 되어간다. 아직도 약간 짙은 노란색에서 이물감이 느껴지지만 그래서인지 다른 연필은 제쳐두고 그걸 사용하게 된다. 이렇게 며칠만 지나면 애초부터 내 것이었던 것처럼 자연스러워질 것이다. 누가 보면 그냥 내가 쓰는 물건으로 생각할 것이다.

여기까지 적고 보니 나는 또 이상한 사람에 가까워지지

만 내가 말하지 않으면 아무도 모를 것이다. 저 사람은 주운 연필을 갖고 자기 연필이나 되는 것처럼 열심히 사용하고 있잖아, 그런 표정으로 나를 보려는 사람이 세상에 있을 리가 없다. 내가 여기에다 그런 내용을 적었으니까 앞으로 그렇게 보는 사람이 생겨날 수도 있겠지만 그건 나중 문제다. 그래서 나는 주운 연필을 사용한다. 내 것처럼 사용한다. 사용할 때마다 책상 아래쪽 공간에 머리를 집어넣던 순간이 반복해서 떠오른다. 그걸 주울 때의 감각이 되살아난다. 그 감각이 남아 있는 채로 책을 읽으며 밑줄을 긋는다. 필사도 한다. 연필로 필사를 하고 나서 전체를 조감하면 글자 굵기가 일정하지 않다는 사실을 알게 된다. 중간에 연필을 깎지 않고 끝까지 가면 일정한 방향을 향해 글자가 나아간다는 느낌을 받는다. 중간에 연필을 깎으면 중간에 쉬었다가 간 느낌을 준다. 필사를 하다가 손에 힘이 너무 들어가서 얼얼할 때면 연필을 깎는다. 그 과정을 반복하면서 필사하면 자주 쉬어갔다는 느낌을 준다. 이런 문장을 적다 보니까 필사를 하고 싶어진다. 필사하려면 책을 읽어야 하는데 오늘은 책이 눈에 안 들어온다. 창문을 열어놓는 계절이 되었기 때문이다. 창문으로 아이들이 어울려 노는 소리가 들린다. 나는 열어놓은 창문으로 들어오는 소리를 뭉뚱그려서 들을 때가 많지만 가끔 소리들이 자기주장을 할 때가 있다. 어린 남자애 목소리, 어린 여자애 목소리, 싸우는 소리, 성별이 서로 섞이는 틈으로 여름이 스며드는 소리. 필사를 하다가 말고 내가 어느 쪽을 응원하고 있다는 걸 자각하고 나서는 두 손으로 양볼을 치면서 정신 차리자고 말한다. 그 모든 게 여름이 내는 소리라고 생각하면 세상이 얼마나 녹색인지 모른다. 새가 와서 지저귀는 소리도 들린다. 창문을 통해 들어오는 소리를 적다 보니까 내가 그렇게 이상한 사람은 아닌 것도 같다. 조금은 더 문장을 적어나갈 수 있을 것 같다.

필사 얘기를 하다가 여름에 열어놓은 창문 얘기를 안 했으면 내가 어디까지 갔을지 모른다. 뭘 주워서 사용했던 많은 순간들이 떠올랐기 때문이다. 연필을 주운 것도 이번이 처음은 아니다. 문장은 내가 피하고 싶은 그 지점을 향해 나아가는 이상한 습성이 있다. 나는 멈추고 싶다. 문장은 벌써 바닥에 떨어져 있던 황금색 샤프 연필을 낚아챈다. 그렇구나. 앞서 언급한 연필과 같은 색이다. 재질이 다를 뿐이다. 혼자였었는지 친구와 함께였는지 잘 기억이 안 나는 어떤 장면 속에서 나는 바닥에 떨어진 샤프 연필을 줍는다. 숙였던 허리를 펴고 주위를 둘러본다. 주변에 있던 사람들이 모두 나를 쳐다보는 것 같았는데 그건 내가 주변에 있던 사람들을 모두 쳐다봤기 때문이다. 나는 그걸 도로 바닥에 내려놓지 못하고 가방에 집어넣었다. 가방에 집어넣었다가 그걸 어떻게 했는지는 잘 기억나지 않는다. 그걸 집으려고 허리를 숙였다가 펴던 그 순간의 감각만이 고스란하다. 그 무렵 나에게 무슨 일이 있었는지 생각하려다가 그만둔다. 황금색 샤프 연필을 떠올린 그 순간부터 이미 나는 마음이 상해버렸다. 여기에 마음이 상했다는 구절이 적절한지 의심스럽다. 의심스럽긴 한데 심장이 조여왔다든지 얼굴이 화끈거렸다든지 그런 말은 이미 여러 번 사용했고 이미 사용한 그 구절들이 적절한지도 자신이 없다. 나는 이미 여러 번 문장을 적어나가다가 문장으로 적지 않았다면 모르고 지나쳤을 나를 발견하는데, 사실 나는 나에 대해 그렇게까지 알 필요는 없다. 문장을 통해 알게 되는 내가 가장 나에 가까울까 두렵다. 문장을 통해 알게 되는 나는 섬뜩하다. 나는 섬뜩한 나를 마주치지 않기 위해 중간에 방향을 틀 수도 있었다. 그렇게 하지 않은 건 다른 누구도 아닌 나다. 그렇다고 그렇게 하는 게 나의 의지였다고 말하는 것도 좀 그렇다.

손수건 사용

선물로 손수건을 받으면 좋아한다는 걸 알게 됐다. 그렇게 된 건 손수건 선물하기를 좋아하는 친구를 사귀고부터다. 또 알게 된 건 내가 선물 받은 손수건뿐만 아니라 물건 자체로서의 손수건도 좋아한다는 거였다. 친구들과 산책하다 가게에 들렀을 때, 거기에 분명 손수건 선물하기를 좋아하는 친구가 있었음에도 바구니에 담겨 있던 손수건을 색깔별로 집어 들었고 그중 하나도 내려놓지 못했다. 계산하면서 친구들이 나를 어떻게 생각할지 신경 쓰였지만 어쩔 수 없었다. 하나씩 나눠 갖자고 말하고 싶었는데 어쩐지 그 장소에 어울리지 않는 행동처럼 여겨졌다. 그걸 다 갖고 집으로 와서 예전에 떡을 찌기 위해 사놓았던, 이후에는 콩나물을 키워 먹기도 하다가 더 이상 그걸 같이 할 어른과 안 살게 되면서는 화분으로 쓰기도 했던, 지금은 씻어서 책상 위에 올려놓은 시루에 담아 놓았다. 가게 바구니에 물건으로 놓여 있던 손수건은 시루에 담기게 되면서 사물이 되었다. 나와 연루되면서 일종의 사건을 겪었기 때문이다.

친구한테 선물 받는 것으로 만족했다면 손수건은 고유한 사물이 될 수 있었을 텐데 내 물욕으로 인해 편재하는 사물이 되었다. 친구는 세숫비누로 손수건 빠는 걸 좋아한다고 했다. 말린 손수건을 접어 책상 한쪽에 놓아두는 걸 좋아한다고도 했다. 그 말을 잊지 않고 기억했다가 친구한테 선물 받은 손수건을 빨아 말린 후에 접어서 시루에 담아놓았다. 시루에 담기는 손수건이 좋아서 어디에 더 손수건이 없을까 찾아 나서기도 했다. 손수건은 여기저기 있었다. 빤히 보이는 곳에 있기도 하고 까맣게 잊고 지내다 보면 불쑥 나타나기도 했다. 흩어져 있던 존재를 한곳에 모으는 것만으로도 나는 잘 지낼 수 있었다. 이렇게 지내도 되나 불안한 마음이 들 때는 내가 사 갖고 와서 시루에 담아놓은 손수건을 선물하는 용도로는 쓰지 않겠다고 다짐하며 버텼다. 나를 부끄럽게 만드는 건 대체로 나였으며, 부끄러움이 나를 지켜보고 있다 생각하면 정신이 들었다. 한번은 직장을 옮기는 동료에게 건강을 챙기라는 의미로 잡곡 한 봉지를 선물한 적 있었는데 아무래도 선물 같지 않아서 손수건으로 싸서 줬다. 그랬더니 나중에 선물 내역에 손수건도 포함한 인사 문자를 보냈다. 손수건에 대해서라면 더 조심해야겠다고 생각했다.

    손수건에 대해서라면 조심하겠다면서 내버려두고 있는 게 있다. 사실 나는 언제부턴가 손수건을 들고 다니기 시작했다. 친구들이 손수건을 들고 다니다가 내가 손을 씻은 후 옷자락에 문대고 있으면 여기에다 닦으라고 건네주는 걸 보면서 손수건 들고 다니는 건 좋은 거구나 생각했던 것도 같고, 영화를 보면서 소맷부리로 눈물을 찍어내다가 콧물을 닦아내다가 손수건은 아무래도 필요하다고 결론을 내렸던 것 같다. 그러다가 이런 일이 있었다. 가까운 지인이 갑작스럽게 쓰러졌고, 쓰러졌다고는 해도 그렇게 갑자기 가버릴 수는 없는 건데, 그이를 보내야 했다. 병원으로 뛰어갈 때, 장례식장을 향할 때, 삼우제를 지내러 갈 때 집을 나서면서 시루에 담겨 있던 손수건을 집어 들었다. 치러야 할 절차를 다 치르고, 뭘 더 해야 좋을지 몰라 그이의 죽음을 받아들여야 했을 때, 비어 있는 시루를 보며 그렇게 했다. 나는 모아두었던 손수건을 사용했다.

맥주를 안 마시다

그녀가 이제는 맥주가 맛이 없다고 말한다. 저녁마다 마시던 맥주를 안 마셔도 아무렇지도 않고 심지어 좋은 기분까지 든다고 말한다. 그래서 나는 가만히 있다가 가만히 있을 수가 없어졌다. 매일 저녁 김냉(김치냉장고) 뚜껑을 들어 올리고 꺼낸 시원한 맥주를 마시는 생활이 오래되었고 은근히 그녀와 나는 서로 격려를 해왔던 터인데, 그녀가 먼저 맥주가 맛이 없다고 말해버린 것이다. 나는 혼자서 저녁에 맥주 마시는 생활을 오래 해왔고 그런 사실을 종종 밝혀왔으며 이러다 어떻게 되는 건 아니겠지 물어보면 그녀가 당연하지 맥주로 중독되는 사람은 본 적이 없으니까 대답을 해왔으므로 "그럼요. 저도 저녁마다 맥주 마시는 걸요!" 기회가 되면 호기롭게 외치던 소리를 더 이상 외치지 않게 되었다. 게다가 이제는 맥주를 마실 수도 없고 안 마실 수도 없는 지경이 되었다.

구례, 구례

나는 그렇게까지는 생각하지 못했는데 구례구역에서 친구가 한 말로 인해 구례에 대해 다시 생각하게 됐다. 친구가 그 말을 함으로써 우리에게는 구례를 떠나는 축과 구례에 남아 있는 축이 생겨났다. 두 개의 축이 구례를 가로질렀기 때문에 구례는 벽에 걸어놓는 태피스트리와 같아졌다. 구례라고 하지만 어제 우리가 머물렀던 공간은 책방 로파이 마당이었다. 우리는 어제 로파이에 갔다가 오늘 로파이에 또 갔다. 로파이 주인이 짜이를 대접하겠다고 또 한 번 초대했기 때문이기도 하고, 어제 그곳에 머물면서 우리가 그 공간을 너무나 좋아하게 되어서다. 로파이 마당에서 우리는 양쪽이었다. 오후 5시 30분에 버스를 타야 하는 쪽과 6시 40분에 기차를 타야 하는 쪽. 로파이 마당에서 짜이를 마시며 로파이 마당에 굴러다니는 바람처럼 어슬렁거리던 한쪽이 먼저 일어났다. 일어나기 싫은데 어쩔 수 없이 일어나야 했던 친구들의 뒷모습은 쓸쓸해 보였다. 대문을 나서는 친구들의 뒷모습이 쓸쓸해 보여서 내가 나중에 출발하는 쪽이라는 사실이 다행스러웠다. 조금 더 남아서 주인이 내준 맥주를 마시다가 떠나야 할 시각이 되었을 때 아까 먼저 일어났던 친구들의 마음이 헤아려졌다. 그 마음과 이 마음을 겹쳐보느라 나는 마당 한쪽에 앉아서 우리와 대화를 나누던 주인에 대해서는 크게 마음을 쓰지 않고 있었다. 떠나는 우리도 기분이 이런데, 우루루 우루루 사람들을 떠나보내는 사람의 기분도 참 그렇겠네. 나는 떠나는 축이라서 먼저 떠난 친구들의 마음과 내 마음을 겹쳐볼 생각까지는 했는데 남아 있는 마음의 축까지는 생각하지 못하고 있다가 친구가 그 말을 하는 순간 또 다른 마음을 내 마음에 겹쳐보게 된 것이다.

어제저녁 개천에 바로 붙어 있는 구례 책방 로파이에는 사람들이 모여들었다. 한 사람 두 사람 모여들었다. 앵두나무가 넉넉하게 그늘을 드리우는 책방 로파이 마당으로 모여들었던 사람들 중에는 대구에서 온 사람도 있었고 서울에서 온 사람도 있었다. 부산과 광주에서 온 사람도 있었다. 물론 구례에 사는 사람도 있었다. 어제는 책방 로파이에서 열 번째 랑데부 행사가 진행되는 날이었고 행사 때마다 참석하는 사람들이 띄엄띄엄 마당에 들어섰다. 초여름에 구례를 여행하다가 랑데부 행사 소식을 듣고 마당을 찾은 경우도 있었다. 나는 행사에서 시를 낭독하기로 하고 경기도 광주에서 온 경우였다. 호와호는 연주와 노래를 하기로 하고 로파이에 온 경우인데 일주일 전에 합정에 있는 합주실에서 만나 연습을 했었기에 나는 호와호가 합정에서 왔다고 생각하고 있다. 나와 함께 구례에 우루루 몰려온 친구들은 시인, 소설가, 책방 주인, 출판사 대표 등등이었는데 그중 시인이 가장 많았다. 친구들은 문장에 열거되는 양상과 비슷하게 마당에 둘러앉았다. 무슨 일을 하는지 내가 잘 모르기 때문에 열거할 수 없는, 나중에 대화를 나누다 보니 어느 정도는 알게 돼서 마음만 먹으면 열거할 수도 있었을, 그렇지만 실례가 될 수도 있으니까 굳이 그렇게까지 할 필요는 없어서 내 마음속에 들어앉은 사람들도 옹기종기 마당에 모여 앉았다. 마당에 넓게 그늘을 드리우는 앵두나무 사이사이로 바람이 스며들면서 쏴 쏴 소리를 냈다. 모여 앉은 사람들이 두런거리는 소리와 바람이 드나드는 소리가 섞였다. 마당 곳곳에 모여 앉아 이런저런 이야기를 나누던 사람들은 행사가 끝난 후에도 모여 앉아 이런저런 얘기를 밤늦도록 나누었다. 자정이 지나면서는 모여들었을 때와 마찬가지로 한 사람 두 사람 대문을 빠져나갔다. 가장 마지막에 마당을 빠져나간 사람이 마당 한쪽에 '빵의 작은 정원'을 가꾸는 주인이었음은 의심할 여지가 없겠지. 이렇게 사람들이 다 빠져나온 마당에 어떤 소요가 있었을지 알 수는 없지만 상상해볼 수는 있겠지. 나는 앞으로 수도 없이 그 마당을 상상할 테지만 미리 상상해보면, 빵의 작은 정원에 가득하던 애플민트 냄새가 마당에 은은하게 퍼져나갔을 거다. 앵두나무를 감싸고 휘돌던 바람이 낮게 낮게 마당을 쓸었을 거고 의자는 놓여 있던 그 자리에 밤새 있었을 것이다. 또 있다. 앵두씨. 어제 이곳에 처음 도착했을 때 주인이 내준 건 앵두에이드였다. 그 안에 있는 앵두도 드세요. 주인이 그렇게 말해서 하나도 남기지 않고 앵두를 먹었다. 먹을 때마다 앵두씨를 손바닥에 뱉었다가 대문 앞까지 걸어가서 개천 풀숲에 던졌다. 던져진 앵두씨는 풀숲에서 밤을 보내고 아침도 보내고 사람들이 구례를 떠나고 난 후에도 내내 구례에 있겠지. 지금은 구례에 없지만 구례에 갔었기 때문에 구례 책방 로파이 마당에는 여러 축이 남아 있다.

겨울 꿈

침대에서 일어나면 바로 책상이 있어서 의자에 앉게 될 것 같지만 그렇게 되지는 않는다. 방 안에는 창문이 있고 살짝 걷어놓은 커튼 앞에는 화초도 몇 개 있기 때문이다. 커튼을 조금 더 걷으면 눈이 내리는 바깥이 보인다. 눈 내리는 바깥은 시간을 무화시키는 듯해서 나에게 주어진 시간이 많은 것처럼 느껴지다가도 어느 사이에 시간이 정말 없어진다. 더 없어지기 전에 책상에 앉아야지 그러면서 침대에서 일어났는데 배가 고프다. 이때 내가 뭔가를 잊고 있었다는 게 생각났다. 눈 내리는 창을 마주한 책상 위에 쟁반이 있었고 쟁반 위에 놓여 있던 것들 중에서 손쉽게 입에 가져다 댈 수 있는 것을 집어 들었으며 그걸 입에 넣지도 않았는데 입안에 즙이 고였다는 걸. 방 안에 향이 번지고 있었다는 걸. 뭘 집었던 거지, 아주 잠깐 생각해야 했다. 그 잠깐이라는 게 어이가 없을 정도로 명백한 사과였다. 집으면 손안에 가득 들어오며 한 입 베어 물면 허기가 가실 것 같고 먹는 행위에 집중하지 않으면 어디로든 미끄러지는 과일.

사과를 키워본 적은 없다. 사과밭에는 가봤다. 사과밭 옆으로 난 길을 따라 걸으며 사과 꽃을 구경하기 위해서다. 솔직해져야겠다. 나는 그렇게 기억하고 있지만 문장을 적으면서 당시 상황을 떠올려보니 그건 사실에서 미끄러진 얘기다. 건축 전공 교사들이 답사를 가는데 같이 가겠느냐고 물어서 좀 망설였더니 거기 가는 길에 사과밭이 있고 지금 가면 사과 꽃이 장관일 거라고 해서 따라갔던 경우다. 영주는 두 번 갔었는데 그게 첫 번째였다. 실제 사과밭에 들어가본 적도 있다. 그때는 사과를 따서 비료 부대에 담았었다. 하지만 그게 다다. 지금은 꿈속에서 집어 든 사과에 대해 말하고 싶다. 사과 먹는 방법에 대해 말하고 싶다. 꿈속에서 사과를 집어 들었을 때는 그냥 입에 넣기만 하면 되는 사과였지만 현실에서 사과를 먹으려면 좀 더 구체적이어야 한다. 사과를 먹는 방법도 시기에 따라 달라진다. 누군가는 사과 깎는 방법을 갖고도 상대방을 비난할 수단을 손에 쥐기도 하는 모양인데 그래서 나도 한 번 당한 적 있기도 한데 이젠 뭐 그러려니 한다. 요즘의 나는 흐르는 물에 빡빡 씻은 후에 그냥 들고 베어 먹는다. 손목을 타고 즙이 흐르기도 한다. 그건 방심했을 때 이야기이고 즙이 손목을 타고 흘러내리기 전에 스읍 하면 된다. 나중에 사과씨가 보이기 시작할 때면 어디까지 먹어야 할지 고민이 되기도 하는데 적당히 멈추지 않으면 씨 주변 맛까지 보게 되고 그럼 처음 사과를 베어 물 때 그 신선한 달콤함에서는 멀어지게 된다. 뭐 그것도 생각하기 나름이다. 다음에 사과를 먹을 때 그 신선하고 달콤한 맛을 다시 경험하면 되니까 말이다. 그러려면 세상에서 사과가 없어지지 않아야 한다. 문제는 거기에 있다. 사과가 없어진다는 생각을 하기만 해도 머리가 하얘진다.

엄마는 봄이 되면 한동안 사과 꽃을 따러 다녔다. 아침 일찍 집에서 나와 시내버스를 타고 소읍까지 간 다음에 거기서 다시 버스를 갈아타고 사과밭까지 가는 여정이었다. 그건 엄마가 태어나 자란 마을까지 가는 여정과 같았다. 따라서 가봤더라면 좋았을 텐데 그러지는 못했다. 그럼에도 혼자서 시내버스를 타고 어디 멀리 가게 되면 그때의 엄마가 생각났다. 아직은 엄마가 노동을 할 수 있을 때였다. 평생 생계를 위해 노동을 하다가 쉬게 되었을 때였는데 은퇴한 사촌이 혼자서 사과 농사 짓는 걸 모른 척할 수 없어 다니게 된 거였다. 아직은 움직일 수 있는데 도와줘야 그게 사람의 도리지, 그렇지 않니? 자꾸만 나한테 다짐인지 질문인지 모를 말을 여러 번 하면서 사과 꽃을 따러 다녔다. 사람의 도리를 언급하면서 사과 꽃을 따러 다니던 엄마를 생각하면 불면증에 시달리던 내가 생각난다. 나는 꽤 오랫동안 잠을 이루지 못했었다. 그러다가 시내버스를 타면 잠에 빠져들 수 있다는 걸 알게 됐다. 퇴근하면서 타는 버스가 집에까지 도착하는 데 거의 한 시간이 걸리게 되면서부터다. 잠에서 깨고 싶지 않아 일부러 집 앞에서 내리지 않고 종점까지 갔다가 오기도 했다. 꾸벅꾸벅 졸면서 일상을 반복하던 그 무렵에 사과 꽃을 따기 위해 엄마가 탔던 버스를 종종 떠올렸다. 그게 아마 꽤 길었을 거야, 봄이니까 꾸벅꾸벅 졸기에 맞춤이었을 거고. 중간에 한 번 갈아타야 하는 게 흠이지만 그래도 그게 어디야, 다시 타면 또 한참을 갈 수 있는 데 뭐. 버스를 타고 사과 꽃을 따러 가고 싶었던 건지, 엄마 품속에라도 파고들어가 잠들고 싶었던 건지, 처음부터 다시 시작하고 싶었던 건지, 지금이라고 알 수는 없겠지만 그렇게 중얼거리다 보면 나는 사과 꽃을 따러 가는 버스에 타고 있었다. 버스에 타고 있는 사람이 나인지 엄마인지 구분도 안 갔다. 꿈을 꾼 것도 아니고 그렇다고 현실도 아니었다. 버스가 사람들을 태우고 내려주고. 내려주는 정거장마다 분명한 이름도 있고. 그 분명한 이름들을 꿈결인 듯 현실인 듯 지나치다 보면 날카로워질 대로 날카로워진 신경의 모서리가 깎여나갔다.

지금은 엄마도 일 같은 건 꿈도 못 꾸는 나이가 되었고 나도 어느 정도는 잠을 이룰 수 있는 일상을 되찾았다. 봄에 사과 꽃을 따러 다니던 엄마 집에는 가을에 사과가 많았다. 엄마 집에 다녀오면 겨울에 사과를 쌓아놓고 먹을 수 있었다. 엄마의 사촌이 가꾸던 사과밭은 없어졌다. 사과나무를 모조리 베어버렸다고 언젠가 엄마가 말한 뒤부터 쌓아놓고 먹는 사과는 없다. 사과를 쌓아놓지 않고도 살아가는 날이 이어졌다. 그리고 어느 날 나는 잠에서 깰 때 사과 하나를 들고 있었다. 꿈에서 현실로 돌아올 때 뭔가를 집어 들고 온 건 처음이었다. 그래서 되는 대로 옮겨 적었다.

협소한 세계

나는 언어에 대해 많이 생각하는 편이다. 오해를 줄이기 위해 덧붙이자면 고문서학자나 비교언어학자와 같은 그런 태도는 아니다. 언어와 일상이 맞붙는 어느 지점에 대해, 그러니까 단어를 고를 때도 관념적 언어는 피하는 편이고 아주 흔한 일상적 단어라도 어떤 문맥에서 힘을 갖게 되는지에 관심이 있다. 에세이인지 소설인지 구분이 안 가게 문장을 끝도 없이 이어가는 작업을 하고 있는 어떤 작가를 특히 좋아하고 기력이 떨어졌다고 생각될 때면 그 작가의 책을 아무거나 꺼내서 읽는데 이번에는 읽다가 이런 생각이 들었다. 그 작가에 비해 내가 구사하는 문장의 세계가 협소한 것은 아닐까, 나는 그 생각을 하자마자 거의 입 밖으로 소리를 낼 뻔했는데 나는 그게 우습고 그런 점 때문에 나는 나를 미워할 수가 없다. 왜냐하면 나는 그 생각을 하고 입 밖으로 낼 뻔했던 그 순간을 바로 밀쳐내고 그건 협소함의 문제는 아니거든 하고 반박하는 마음이 생겼기 때문이다. 그것도 그렇고 나와는 다른 영역을 문장으로 한없이 이어가는 그 작가의 작업 방식이 없었다면 나는 기력이 떨어졌을 때 무엇을 해야 할지 몰라서 망연해지지 않았겠는가. 내 문장의 영역이 협소한 것이 문제가 아니라 작가의 문장을 읽으면서 협소해지는 내 마음이 문제라는 생각이 들었다. 그리고 더 솔직해지자면 나는 협소한 세계를 좋아한다. 협소한 세계에서 거의 미분화된 언어를 용기 있게 끌고 나가면서 어느 순간 경계를 넘어가는 순간을 좋아하고 애초에 경계라는 건 아무렇지도 않다는 듯이 커다란 단어를 운용하는 작업에는 크게 마음이 움직이지 않는다. 더 솔직하게 말하자면 세계를 다 담을 듯이 커다란 관념어를 자유자재로 사용하면서도 세계를 밀도 있게 감각하도록 만드는 작가를 기다리는 편이다. 나는 대체로 외롭고 외롭다는 느낌이 들 때까지 시간을 충분히 보내지 않으면 주변 사람을 괴롭히는 축에 들기 때문에 주변 사람들을 내버려두는 편이지만 사람은 관념어처럼은 살기 어렵다는 걸 이해하는 편이다.

그 사람은 집에 안 들어오고 있다. 그동안 관계했던 사람들을 모두 만나 그 관계라는 것이 무엇이었는지 끝장을 볼 것처럼 안 들어오고 있다. 사람이 사람을 보낼 때는 그만큼의 물리적 시간과 물리적 관계가 필요하다는 사실을 며칠째 안 들어오는 사람을 기다리면서 알아가고 있다. 일상은 일상이라는 단어를 초과한다. 일상 주위의 경계를 수시로 무너뜨리면서 간신히 일상으로 일상을 건너간다.

나는 서사를 물질처럼 다루는 쪽에 마음이 기운다. 그런 면에서 나는 소설가를 편애한다. 가끔 시인은 세계를 폭력적으로 다룬다. 아, 적어놓고 보니 편협하다. 사실 시인이나 소설가로 나눌 문제는 아니다. 세계나 사건, 그걸 대하는 언어의 문제지 장르의 문제는 아니라는 걸 모르지 않으면서도 그렇게 적고 말았다. 그러니 말은 참 많이 앞서고, 글은 그걸 수습하는 편인데 그런 면에서 글은 사후적이고 가공에 가까우며 너무 머리를 많이 쓰는 것일지도 모르지만 바로 그렇기 때문에 나는 말을 내뱉고 대체로 후회하는 편이고 나중에 책상 앞에 앉아서 글이라는 걸 문장으로 적어나가면서 조금씩 사람에 가까워진다. 아, 여기서 사람이란 내가 생각하는 주관적인 사람에 가깝고, 그건 꼭 '사람'일 필요는 없다. 나는 종종 사람이랄지 사물이랄지 식물이랄지 구분이 안 갈 때가 많고 그 경계를 대체로 넘나들 때 조금은 사람에 가까워지기도 한다. 사람으로서 나는 좀 더 사물에 가깝고 식물에 가깝고 일상에 가까운 언어를 구사하면서 이 세계가 얼마나 확장될 수 있는지 연구하고 생활하고 꿈꾸는 일을 하려고 하고 조금이라도 그런 낌새가 느껴지는 사람한테 와락 다가가서 그 사람을 당황하게 만든다. 협소함의 무궁무진함을 알아가고 싶고 그런 언어는 어떻게 생겨 먹은 건지 궁리하면서 직장 생활을 하는 틈틈이 공강 시간에 몰래 사무실에서 나와 부부가 운영하는 작은 카페에서 코르타도를 마시는 생활을 하고 있지만 그런 일상이라는 게 언제 어떻게 될지는 모르고, 딸아이가 삼일절에 태극기를 들고 광화문에 나가보고 싶다는 말에, 언제부터인가 태극기를 제자리에 가져다 놓아야 하지 않겠냐면서 핏대를 울리던 며칠째 집에 들어오지 않고 있는 사람의 말을 떠올리면서 그 사람한테 태극기 같은 건 아무래도 좋지 않겠냐며, 태극기의 상징성이 오히려 문제가 되지 않냐며 나도 힘을 주어 말을 하기도 했지만, 각자 자기만의 세계에서 삼일절을 생각하고 있더라도 삼일절에는 태극기를 들고 나가야겠다는 생각을 굳힌다. 일상은 그냥 굴러가는 것 같아도 참 많은 결심과 감각이 필요한 영역이다.

소설 문장

바르트는 1977년 7월 21일에 베이컨과
양파 백리향을 구웠다. 구울 때 나던 향기로운 냄새가
식탁 위에 내놓았을 때는 그 냄새가 아니었다. 먹을 때와
준비할 때의 냄새가 따로 있다는 걸 깨달았다.

이렇게 옮기면 바르트가 소설 속 등장인물처럼 읽히지만 소설은 아니다. 내가 쓴 일기라고 가정하면 바르트가 내 지인으로 읽힐 수 있을까. 그렇다고 해도 두 번째 문장부터 어색해진다. 바르트가 소설 속 인물도 아니고 더군다나 내 지인도 아니면서 "바르트는"으로 시작되는 문장을 적었다. 그럴 수 있었던 건 바르트가 일기를 썼고 내가 읽었기 때문인데, 애초에 쓰려던 문장은 다음과 같다.

바르트는 1977년 7월 21일에 베이컨과
양파 백리향을 구웠다고 일기에 적었다.

바르트가 음식과 글쓰기를 엮는 방식이 흥미로워 거기에 대해 뭔가 말해보려다가 "구웠다"에서 멈췄고 멈추는 바람에 맥락에서 벗어난 문장이 되었다. 소설처럼 읽히는 것 같아 재밌었는데 너무나 구체적인 날짜가 거슬린다. 그럼 일기라고 우겨볼까 하다가 "바르트는"이 거슬려서 뭐 아무것도 되는 건 없네, 시무룩해져서는 다

시 돌아와 이 글을 쓰고 있다. 나는 소설도 아니고 일기도 아닌, 기억을 연습하는 텍스트를 적어나가는 중이다. 쓰고 있는 나와 쓰이는 나 사이의 거리감을 확보하지 못해 쩔쩔매고 있다. 일기를 쓰지 않았던 탓에 일어났던 일을 적으면서도 "기억나지 않는다" "잘 모른다"는 말을 반복하고 있다. 그런 말을 잘도 늘어놓으면서 문장을 적고 있는데, 적다 보니 안 적었다면 몰랐을 어떤 기억과 만난다는 사실을 알았기 때문이다. 어찌어찌 문장을 따라가다 당도하는 곳에서 설명할 수 없는 감정에 휩싸이게 된다. 어쩌면 나는 그 감정을 설명하고 싶지 않아서 문장을 쌓아가는 것 같고, 설명하지 않으려 할 때만 잠깐이나마 그 감정을 만나게 된다. 그게 말이 안 되는 것 같아도 쓰는 과정에 대해서는 그렇게밖에는 설명이 안 된다.

맥락을 놓친 김에 처음에 하려던 얘기로 돌아오면 이렇다. 1977년 7월 21일에 베이컨과 양파 백리향을 구웠다고 적었던 바르트는 1979년 4월 25일 일기에 이런 내용을 적었다. "어떻게 뜨거운 순간에 쓰여진 것을 가지고 맛있는 찬 음식을 만들 수 있단 말인가?"[3] 일기 쓰기가 지닌 효용성을 의심하는 가운데 나온 문장이다. 식재료를 구워 먹을 만한 음식을 만드는 과정과 일상을 재료로 삼아 읽을 만한 텍스트를 만드는 건 영판 다름에도 불구하고 바르트는 그걸 섞어버린다. 나는 찬 음식을 좋아하지 않는다. 그렇기에 맛있는 찬 음식을 감각하는 게 쉽지 않지만 차가운 문장만은 다르다. 차가운 문장을 만나면 무릎을 당겨 앉는다. 냉소로 차가워진 문장이 아니라 뜨거운 걸 식히고 식혀서 일부러 차게 만든 문장을 좋아한다. 그런 문장이라면 환장하는 편이다. 나는 바르트도 아니고 일기를 쓰는 것도 아니면서 일상적 사물과 장면을 가져다가 기억을 연습하고 있다. 감당할 수 없어 뭉쳐두었던 기억의 입구로 들어갈 때 나는 겁을 먹는다. 어느 곳을 디디게 될지 몰라 주저하면서도 발을 내딛다 보면 축축하고 퀴퀴한 냄새를 맡게 되는 순간이 오고, 그럴 때 나는 수치심과 그리움이 뒤범벅이 돼서 심장이 벌렁거리고 얼굴이 벌겋게 달아오른다. 그 순간의 환장할 것 같은 심정을 식히고 식혀서 읽을 만한 문장으로 만들어보겠다는, 그런 열망에 휩싸여 나는 글을 쓰고 있다.

어렸을 때 탁자에 놓인 설탕 그릇을 떨어뜨린 적이 있었다.
설탕이 엎어졌고 유리 조각이 섞여서 못 쓰게 되었다.
그것이, 판석에 설탕이 쏟아진 충격적인 광경이
아직도 눈에 선했다. 어머니가 그를 자전거 쪽으로
데리고 가더니 그의 손가락을 바퀴살에
아주 가까이 가져다 대고 바퀴를 돌렸다.[4]

클레어 키건의 「굴복」이라는 소설에서 가져온 문장이다. 소설가의 단편집을 반복해서 읽다가 "충격적인"이라는 표현에서 한동안 멈춰 있었다. 소설 문장에서는 인물이 감당하기 힘든 저 장면을 "충격적인"이라 수식하는 게 가능하구나. 그게 가능하다는 사실을 새삼스럽게 확인하는 한편, 내가 산문을 쓰려고 하지 않았다면 이런 게 눈에 들어오지 않았을 텐데 그러고 있다. 나는 저 소설 속 인물이 겪은 경험과 별반 다르지 않을 내 경험을 "충격적인"이라는 말로 종합할 수 없는 발화 위치에서 뭔가를 발화하고 있다. 저 "충격적인"을 어떻게 할지 그게 고민이고, 그게 가능할지 한숨이 나오고, 나는 내가 쓰는 게 소설이면 좋겠다고 생각하다가 소설을 쓸 수 있었으면 소설을 썼겠지, 그런 말이나 늘어놓고 있다.

소설 읽는 걸 좋아한다. 내가 쓰려고 하는 글이 어떤 건지 새삼 돌아보게 하는 이런 문장을 만나려고 소설을 읽는 게 좋고 서술자의 목소리를 따라 구축되는 캐릭터를 만나는 게 좋다. "충격적인" 경험이 서사적으로 기능해 캐릭터에 개연성을 부여하는 게 소설이라면, 내가 쓰고 있는 산문은 "충격적인"이라는 한마디를 하지 않기 위해 눈을 질끈 감고 "충격적인"을 통과하는 과정에 가깝다. 서술자의 위치를 요리조리 고민해볼 수 있는 소설과 달리 내가 쓰고 있는 글에서 목소리를 내는 이는 나를 벗어날 수 없다. '나'가 문제가 된다. '나'를 소설 속 인물처럼 다루게 된다면 달라질 수 있을까, 그러면서 문장을 늘이고, 지연시키고, 그게 잘 안 되니까 반복에 반복을 거듭하고 있다.

3 롤랑 바르트, 김희영 옮김, 『텍스트의 즐거움』, 동문선, 1997, 189쪽.
4 클레어 키건, 허진 옮김, 『푸른 들판을 걷다』, 다산책방, 2024, 179쪽~180쪽.

잘 지내고 있어

1

"와인즈버그 상점의 뒷문이 열려 있어서 그는 가게의 램프 아래 앉아 있는 사람들을 볼 수 있었다"[5]와 같은 문장을 만나면 이상하게 마음이 차분해지면서 설렌다. '그'가 문을 열고 들어가서 적극적으로 시간과 공간과 사람들 사이를 휘젓는 것이 아니라, 문이 열려 있고 사람들이 램프 아래 앉아 있어서 '그'가 볼 수 있다고 말하는 문장이다. 이런 문장은 '그'의 의도를 과하게 작동시키지 않으면서 인과적인 흐름을 발생시킨다. 문장을 따라 읽다 보면 자연스럽게 정말 무슨 일이 일어날 것 같고 그런 식으로 일상이 가능해지고 운용될 것만 같다. 언제부턴가 이러한 일상적 인과가 담긴 문장에 밑줄을 긋기 시작했고 의도가 표면화된 수사적 문장 앞에서는 생각이 많아졌다.

2

식물에 대해서도 이야기해볼 수 있을 것 같다. 어쩌다 보니 거실에 조그맣게 식물을 모아놓고는 정원이라 우기는 생활을 하고 있다. 녹색을 좋아한다든지, 어릴 때부터 시골에서 자라 친근하게 느껴진다든지, 여러 이유를 댈 수 있겠지만 볕이 잘 드는 집으로 이사한 게 결정적이었다. 화분 한두 개를 책상 위에 올려놓는 데서 시작했다가 조금씩 늘어나게 되면서부터는 식물은 그렇게 키우는 게 아니라는 것을 알게 됐고.

홍콩야자, 스킨답서스, 청페페, 신홀리페페, (해피트리), 남천, 칼라벤자민, 아스파라거스, 죽백나무, 금사철, 백사철, 빅토리아, 레드크로톤, 뱅갈고무나무, 싱고니움, 팔손이, 오색마삭, 아이비, 무늬산호수, 산호수, 호야, 타라, 미니사철, (쿠페아), 금전수, 오렌지자스민, 개나리자스민, 시페루스, (유칼립투스), 레마탄, 크루시아, 베고니아, 제라늄, 사랑초, 커피나무, 칼라데아 메달리온, 드라세나 와네키.

저마다 이름을 지닌 식물들을 한곳에 모아놓고는 숲이라고 생각해버리기로 했다. 실내에서 식물을 키우다 보면 식물한테 못할 짓을 하고 있다는 생각이 들기도 하는데—식물명에 괄호가 있는 경우가 그 예에 해당한다—에이 그럼 그냥 숲이라고 해버리지 뭐, 그렇게 된 것이다. 아침에 일어나면 가장 먼저 숲으로 간다. 숲에서 알게 된 사실과, 그 과정에서 겪게 된 고민, 그리고 현실을 초과해 상상해낸 것들에 대해 말해볼 수 있을 것 같다.

식물은 자신의 외부를 연장시켜 나가면서 스스로의 활력으로 공간에 질감을 부여한다. 자신이 속해 있는 장소에 붙박여 있는 상태에서 고요하게 의도가 느껴지지 않을 정도의 속도로 나타난다. 인간의 속도 감각으로는 거의 고정되어 있는 것처럼 느껴져서 곧잘 사물과 같은 취급을 받기도 한다.

식물을 감각하고 식물과 함께 공간을 구성해나가는 일은 시각적 경험에 가까운 것처럼 여겨진다. 거실 가득 빛이 들어오고 온갖 초록이 빛을 향해 생기를 뿜어내며 그늘을 만들어내는 풍요로움의 순간을 맞닥뜨리는 것이다. 그러다 빛이 다 지나가고 난 오후가 되면 이게 다란 말인가, 뭐가 더 있지 않을까 하는 허전함에 어찌할 바를 모른다. 뭐가 더 있을 거라는 기대는 시각적 특권에 의해 강화되는 듯하다. 식물과 함께 지내면서 가장 어려웠던 부분이다.

식물의 속도와 내 욕망의 속도 차이에서 오는 격리감으로부터 내 일상이 소외되지 않도록 해야겠다는 생각을 하게 된 건 이즈음이었다. 내 속도 감각으로 접근하면 식물은 거의 멈춰 있는 것과 마찬가지라서 상호작용이 불가능해 보였다. 보이지 않는다고 해서 멈춰 있는 게 아니라는 사실을 모르지 않았다. 자꾸 잊는 게 문제였다. 뭐야, 그냥 있을 뿐이잖아. 거의 사물과 같아졌잖아. 식물을 무관심하고 무감각한 존재로 여기며 없는 것처럼 취급하게 된다. 그렇게 뒤돌아서면 처음부터 다시 시작해야 한다. 식물은 거기 있다. 살아 있다. 매 순간 살아 있다. 나도 마찬가지다. 문제는 매 순간 살아 있다는 그 감각에 집중하는 것, 사실은 그게 다라는 것을 받아들이는 게 쉽지 않다는 점이다. 뭔가 더 있을 거라는 기대, 그래서 그 뭔가를 자꾸만 만들어내려 하고 그게 안 되면 살아 있는 게 아니라고 느낀다는 점. 식물은 다른 무엇도 아닌 내 속도 감각이 나 스스로를 소외시킨다는 사실을 끊임없이 감각하게 해주었다.

살아 있는 생물 중에 식물만큼 인간과 이질적인 것도 없다. 너무 이질적이라서 쉽게 대상화의 위치에 놓이게 되는 것도 사실이다. 하지만 역설적이게도 인간이 가장 크게 의존하는 존재 또한 식물이다. 나는 거실에 식물을 키우면서 목적 없이 결과물 없이 하루하루를 살아갈 수 있어야 함을 깨달았다. 침묵하면서 말하기, 말하면서 침묵하기에 가장 가까운 상태를 보여주는 것 역시 식물이다. 추상에 가까운 듯 보이지만 식물이야말로 구체적으로 살아 있는 존재라는 사실을 감각하면서 나는 어떤 가능성을 생각하기 시작했다. 이상한 말이지만 내가 사람들과 소통하면서 지낼 수 있을 것 같은 희망을 갖게 해준 것도 식물과 함께하면서 얻게 된 감각에 기댄 바가 크다. "식물은 원소를 모으고, 타자들과 더불어 살

듯이 자기 자신과 더불어 살며, 자기 자신과 공존하듯이 타자들과 공존한다는 것을 알고 있"다는 마이클 마더의 언급을 끌어오지 않더라도 말이다.

마이클 마더는 루스 이리가레와 식물에 관해 나눈 대화에서 "세계를 우리의 구미에 맞추고 이해 가능하도록 만들기 위해 피타고라스와 플라톤에서 쇼펜하우어와 니체에 이르는 철학자들은 세계 전체를 상징과 부호로 번역하도록 노력"해왔다고 비판하면서 "나는 적어도 내가 하지 말아야 할 것들은 알고 있"다고 했다.

> 내가 하지 말아야 할 것들에는 식물과 원소의 에너지를 뽑아내 언어적 표현—언어적 표현은 이 에너지를 치명적으로 만듭니다—속으로 끌어들이는 것, 부호와 기호가 불가피하다는 것을 수용하는 것, 살아 있는 우주를 인간의 의미 회로 속으로 끼워 맞추는 것, 바깥 세계를 순수오성의 위임을 받은 엄격한 의미 구조 속으로 흡수해 들이고, 이 의미 구조를 다시 바깥 세계로 투사하여 의인화하는 것이 있습니다.[6]

식물과 같은 공간에서 지내는 동안 기존의 감각을 초과하는 상상이 필요했다. 그것은 식물에게서 아름다움만을 취하는 태도를 경계하기 위해서였다. 특별히 더 아름다운 것이 있다는 생각은 남아 있는 나날을 한없이

지루하게 만든다. 그저 생활이 있고, 생활이 있을 뿐이다. 생활은 상상을 필요로 한다. 의미의 확장이라는 명분 아래 식물 이미지를 비유적으로 운용하는 언어화 작업에 대한 고민도 현실을 초과한다. 상상은 문장이 된다.

3

저녁 해 먹으려고 마트에 다녀왔다는 너의 말은 기쁘지도 슬프지도 않았지만 나에게 이상한 울림을 줬다. 이를테면 잘 지내고 있어, 라는 말이 감추고 있는 '불안'을 잠재우는 효과와 관련이 있다. 네가 몸을 일으켜 외부로 휘적휘적 걸어 나가는 동안 너의 몸과 너의 공간에 생겨난 활기가 느껴지면서 너의 저녁이 괜찮겠구나, 저녁이 괜찮았으니 내일 아침까지도 괜찮겠지, 불연속적으로 뒤엉켜 있던 일상에 일정한 흐름이 발생하는 듯했고, 나도 이제 자리에서 일어나야겠다는 결심에 이르게 했다.

4

동네에 마트가 있다. 문을 열고 걸어 나가기만 하면 금세 당도할 수 있는 위치에 있다. 없는 것 없이 다 있다. 내가 저녁에 고등어 무 조림을 해 먹으려고 마음만 먹으면 해 먹을 수 있다. 지금 언니 집에 놀러 가도 돼? 동생이 물어와도 크게 걱정하지 않아도 된다. 머플러를 두른 후에 운동화를 신고 뚜벅뚜벅 걸어 나가기만 하면 제철 과일과 과자, 아이스크림 정도를 차려낼 수 있다. 송홧가루가 날리는 봄에도 마트가 있었고, 숨이 막힐 정도로 지열이 올라오던 여름에도 있었으며, 동네 애들이 발그레한 얼굴로 뛰어다니던 가을에도 있었다. 물론 함박눈 내리는 겨울도 예외는 아니다. 아주 당연한 것처럼 거기 있는 마트로 인해 나는 하루에 한 번 마트에 간다. 안으로만 말려 들어가려는 나를 끄집어내 문밖으로 골목으로 동네로 나를 나타낼 수 있다. 당연한 사실들을 반복해서 적다 보니 무슨 주문처럼 느껴지는데 나는 주문을 적고 있는 것인지도 모른다. 아주 당연하게 생각했던 계절에 균열이 생기고, '공기처럼 당연해'라는 말을 더 이상 아무렇지 않게 쓸 수는 없게 되면서, 마트가 언제나처럼 거기 있을 거라는 확신을 가질 수가 없다.

프란츠 카프카는 "삶이란 놀라우리만치 짧"은데 어떻게 "그러한 출발을 하기엔 턱없이 모자랄 것이라는 염려 없이 말을 타고 이웃 마을로 가겠다고 결정을 내릴 수 있는지 거의 이해할 수가 없"[7]다고 말했지만, 그건 "이웃 마을"이 있을 거라는 확신을 가질 때 나오는 탄식 아닌가. 나를 매혹해 알 수 없는 세계로 이끌었던 문장들이 무력해지는 모습을 지켜보는 건 쓸쓸하다. "이웃 마을"에 대한 매혹, 인생의 아이러니에서 느끼는 매혹은 더 이상 힘을 발휘하지 못한다. 나는 이제 "이웃 마을"에 가고자 하는 행위에서 발생하는 인생의 아이러니에 대한 매혹보다 우리 동네 마트가 언제나 거기 있었으면 하는 바람에서 발생하는 매혹에 관심을 갖는다. 동네 사람들이 어디 멀리까지 안 갔으면 좋겠고, 그래서 동네가 동네로 있으며, 마트가 언제까지나 마트로 있었으면 좋겠다. 마트 측면으로 돌아가면 산책로로 이어지는 계단이 있다. 가끔 산책을 하고 돌아오다 보면 상자를 정리하던 주인이 먼 데를 쳐다보며 담배 피우는 모습을 보게 된다. 그런 장면이 언제까지고 이어졌으면 좋겠다.

5   셔우드 앤더슨, 박영원 옮김, 『와인즈버그, 오하이오』, 새움, 2019, 55쪽.
6   루스 이리가레·마이클 마더, 이명호·김지은 옮김, 『식물의 사유』, 알렙, 2020, 296쪽.
7   프란츠 카프카, 김영옥 옮김, 『오드라덱이 들려주는 이야기』, 문학과지성사, 1998, 55쪽.

열거법 2

책 읽을 때 밑줄 긋는 순간은 사후적으로 발생한다. 읽은 후에 이건 기억하고 싶다는 마음이 앞으로 가서 밑줄을 긋게 만든다. 밑줄 그을 때는 밑줄에 신경 쓰느라 밑줄을 안 그으려고 했던 부분까지 가 있게 되고. 그러면 지우개가 필요하다. 원래 밑줄을 그으려고 했던 데까지만 연필 선을 남겨놓고 나머지는 지운다. 그때 연결선이 흐릿하게 단절되는 느낌이 좋아서 나도 모르게 웃는다. 머뭇거리듯 남는 선과 미처 수거하지 못한 웃음이 남긴 흔적. 여기서 나는 또 열거법을 떠올린다. 열거법은 상황에서 언어로 도망치기에 좋은 수사법이다. 현실적 상황을 따라가고 있었는데 정신 차려보면 언어적 구조물을 따라가고 있었다는 감각을 갖게 만든다. 갈 데까지 간 후에는 기교를 통해 변형된 현실적 상황을 마주하게 되는데, 이 열거법은 일상적이고 단순해서 기교처럼 안 보일 수도 있다. 정색하지 않는 기교라고나 할까.

"내가 언제나 무서운 외갓집은"으로 시작하는 백석의 시 「외갓집」은 "복족재비들"과 같은 "무엇이" "울어대고" "던지고" "헤여달고" "뽑아놓고" "처박고" 하는 행위를 열거하는 것으로 와글와글하는 시다. 손에 잡히지 않는 이상한 존재들의 행위 결과가 "땅바닥에 넘너른히 널리는 집"이라서 무섭다는 건데, 장황하면서도 일정한 규칙성을 따르는 문장을 따라가다 보면 그 무섭다는 외갓집이 이상하게 그리운 장소로 바뀌어버린다. 백석이 의도를 했든 안 했든 두려움조차도 그리운 무엇으로 바뀌는 그 구조적 결과물이 시라면 혹은 시를 표방한 산문이라면 문장을 쌓아 한 편의 구조물을 만들어내는 작업은 굉장한 것이구나, 그렇게 이해했던 것 같다. 「여우난골족」「모닥불」「북방에서」 등 열거법으로 풀어볼 백석의 시는 많다. 그리고 그 얘기를 하다 보면 짧은 여름방학 정도는 훌쩍 지나가버리고 만다. 여름방학을 안 지나가게 만드는 방법은 없을까?

『스즈미야 하루히의 우울』에서 '미스터리 연구회' 회원들은 여름방학을 여름방학답게 보내기 위해 풀장, 곤충채집, 사이클링, 잿날 참배, 금붕어 낚기 등등을 15498번째 반복한다. 말하자면 여름방학에 갇혀버린 셈인데 그건 스즈미야 하루히의 사념으로 이루어진 이 세계에서 그녀에게 뭔가 못다 한 게 남았기 때문이다. 학교를 졸업한 이후에도 여전히 학교에 남아 있는 직업을 선택했기 때문에 여름방학이 끝나갈 무렵이면 여름방학에 갇혀버린 나를 상상하게 된다. 갇혀버릴 정도의 무한 반복에 가까운 열거와 반복은 종이 위에서나 가능하다고 말해버리면 시시하다. 브라질 소설가 클라리시 리스펙토르의 산문집 『세상의 발견』은 일간지에 토요일마다 연재했던 칼럼 비슷한 글들을 모아놓은 책인데, "내 인생에 제목을 달아준다면 '똑같은 것을 찾아서'일 것이다"라는 한 문장이 적혀 있는 날도 있다. 클라리시에게도 '뭔가 못다 한 것'이 남아 있어서 반복적으로 소설을 쓰게 하는 건가. 그렇게 생각하면 한편이 된 기분이 든다. 나는 지금 열거를 긁어모으는 행위를 반복하고 있다. 어젯밤에는 잠이 안 와서 창문을 열어놓고 웹진에 들어가 단편소설을 읽었다.

최진영의 「하와이」, 정선임의 「나를 봐줄 사람」 두 편을 읽다가 잠이 들었다. 두 편을 연달아 읽은 데다가 바로 잠이 들었기 때문에 종이 위에 펼쳐진 생활과 현실에서의 생활이 흐릿하게 연결되는 상태에서 아침을 맞았다. 토마토를 갈아서 한 잔 마시고 책상에 앉아 어제 낮에 읽다가 만 앨리 스미스의 『아트풀』을 읽었다. 『아트풀』의 화자가 죽은 연인의 환영을 보는 문제로 상담받는 부분에서는 「하와이」에서 태주가 화자를 위해 사용했던 향수를 뿌려주면 좋겠다고 생각했고, 죽은 연인과 대화를 나누는 장면에서는 「나를 봐줄 사람」의 화자가 지금은 떠나버린 '너'가 남긴 말들을 일상에서 반복하는 모습을 떠올렸다. 나는 지금 연결되고 있다는 감각에 대해서 이야기하는 중이다. 이런 이야기도 덧붙이고 싶다. 오랫동안 한집에 같이 살다가 분가한 어른이 집에 남겨놓은 것들 중에는 폐식용류로 만든 빨랫비누가 있었다. 한 상자 가득한 그걸 볼 때마다 어쩌자고 잔뜩 남겨놓은 걸까 신경이 쓰였는데 어느 날부터인가 그걸로 설거지도 하고 운동화도 빨고 행주도 빨고 그러다 보니 다 써버렸다. 뭐가 더 없을까 찾아보다가 여기저기서 받아 온 세숫비누가 쌓여 있는 수납장에 눈길이 갔다. 요즘엔 그걸로 손수건도 빨고 욕실 청소도 하고 물때가 낀 작은 용기들을 틈틈이 닦고 있다. 아직은 남아 있지만 다 사용할 때가 올 것이다. 모아놓은 비누를 다 써버리는 데 걸리는 시간은 몇 년이 될 수도 있다. 그렇게 흘러가버린 시간을 생각하다가 여름방학이면 외갓집이 있는 우리 동네에 빠짐없이 놀러 오던 어릴 적 친구가 떠올랐다.

동네에 또래 여자애가 없던 나는 그 애가 오길 기다렸다가 방학 내내 그 집에서 살다시피 했는데, 일손이 부족해 종종거리던 엄마는 그런 나를 아주 못마땅해했다. 서로가 못마땅해서 화가 머리끝까지 솟구치는 이야기는 「감자 껍질 까기」라는 시를 쓰면서 풀어냈는데 엄마가 그 시를 읽고 상처 입었을까봐 걱정하고 있다. 이 얘기는 여기서 나오면 안 되는데 엄마 얘기만 나오면 제어가 안 된다. 아무튼 그 애 외갓집엔 우리 집에는 없는 것들이 많았다. 부엌에서 문간방까지 이어지는 긴 복도,

백석의 시에 나올 법한 음식을 따로 보관하는 작은 방, 화단에 피어 있는 색색의 꽃, 옛날 소설들이 쌓여 있던 서재. 그 서재에서 빌려 온 황순원의 단편소설 「독 짓는 늙은이」는 어느 날 엄마가 집을 나갔을 때 반복해서 읽었다. 방에서 안 나오는 방식으로 상처 입었다는 사실을 아버지에게 보여주고 싶었고 소설은 그걸 가능하게 해줬다. 그때부터 소설에 힘이 있다는 걸 직감했던 것도 같다. 몇 년 동안 여름방학을 같이 보냈던 그 애와는 아버지가 죽고 우리 가족이 마을을 떠나면서 소원해졌는데, 이사 온 도시에서 어느 날 버스를 기다리다가 만났다. 상상하지 못했던 장소에서 만나서였을까, 어쩐지 내가 알고 있는 그 애가 아니라서 당황했던 기억이 있다. 그 후에 따로 연락해서 만났을 수도 있었을 텐데 그 애나 나나 각자의 십 대 후반을 따로 보냈다. 그 애가 안 올까봐 전전긍긍하던 수많은 여름방학이 있었는데도 따로 만나지 않았다는 생각을 하면 이상하다. 클라리시 리스펙토르의 산문집에서는 "나를 비참한 상황에 몰아넣지 않으려고, 일종의 제약에 따른 비극적 어조를 피하고 싶어서 나는 감정을 포장하는 일이 거의 없다"는 문장을 만나기도 했다. 열거법 이야기를 하고 있는 이 자리에 데려오면 도움이 될 것 같은 저 문장에서 "감정"에 방점을 찍느냐, 아니면 "포장하는"에 찍느냐에 따라 의미가 달라질 수 있겠지만 내가 저 문장을 가져와서 하고 싶은 얘기는 '포장'에 있다. 나는 감정을 극적이게 만들기 위해서가 아니라 안 보이게 만들고 싶어서 포장하는 일에 열중해 있고 그러느라 열거법 얘기를 하고 있다. 포장 안에 무엇이 들었는지 직접적으로 드러나지 않게 구조물을 쌓는 방식으로 이야기를 가져다가 열거하고 있다. 구조물 자체가 하나의 감정 혹은 이미지가 되도록 만드는 것에 관심이 있다고 중얼거리고 있다. 시에서는 그게 되는 것 같은데 산문에서는 잘 안 된다.

반복이지만 괜찮아

소설을 읽다 말고 흰 운동화를 전부 꺼내서 베란다로 가져갔다. 얼마 전에 구입한 운동화 닦기용 스펀지의 성능도 시험해보고 운동화 상태가 괜찮아지면 며칠 후에 있을 낭독회에 신고 갈 생각이었다. 운동화 끈을 모두 풀어서 빨았다. 다음엔 스펀지에 물을 묻혀 운동화 내부에 물이 들어가지 않도록 조심하면서 얼룩을 닦아냈다. 생각보다 잘 지워졌다. 앞코 부분이 누렇게 변색된 운동화는 화장지에 표백제를 듬뿍 적셔 올려놓았다.

거실 창틀에 운동화를 죽 세워놓고 주말을 보냈다. 물기가 마르는 동안은 읽던 소설을 마저 읽었다. 이런 문장으로 시작되는 소설이다.

    꽃은 자기가 사 오겠노라고 댈러웨이 부인은 말했다.

계속 읽다 보면 이런 문장도 만나게 된다.

    마치 클라리사처럼 하고 피터 월시는 생각했다.
    시종이 칠 때, 흰옷을 입고 계단을 내려오는 클라리사처럼.

신기하게도 읽을 때마다 이 부분에서 밑줄을 치고 싶어진다. 하지만 정말 밑줄을 치고 나면 다음이 없어질 것 같아 그렇게 하지는 않는다. 이 소설의 마지막 문장은 다음과 같다.

> 클라리사로군. 그는 말했다. 거기 그녀가 와 있었다.

어느 날 아침 '클라리사 댈러웨이'가 파티를 위해 꽃을 사러 가는 데서 시작해 저녁의 파티에서 끝을 맺는 하루 동안의 이야기를 다룬 소설, 버지니아 울프의 『댈러웨이 부인』이다. 소설의 첫 문장이 좋다. 뭔가 꼼짝할 수 없는 기분이 들 때, 다음 순간으로 넘어갈 동력이 하나도 남지 않았을 때, 문을 열어젖히는 듯한 첫 문장을 경험하고 싶어 이 소설을 읽는다. 그리고 '피터 월시'가 잊고 지냈던 과거를 "흰옷을 입고 계단을 내려오는 클라리사처럼" 선명하게 감각하는 장면에 이르면 나는 '계단을 성큼성큼 내려오는' 역동성을 회복하게 된다. 그렇게 소설 마지막에 도착해 "거기 그녀가 와 있었다"라는 문장을 만난다. 소설은 끝났어도 삶이 끝난 것 같지는 않은 기분이 든다. 그래서 "꽃은 자기가 사 오겠노라고 댈러웨이 부인은 말했다"로 시작되는 소설을 다시 읽기 시작하는 것이다. 반복하게 된다.

저녁엔 잘 마른 끈을 운동화에 꿰었다. 발을 넣어보고 끈의 간격을 조절하기도 했다. 물을 마시러 나온 H가 "아직도 그러고 있네" 말해서 아직도 이러고 있구나 잠깐 생각했고 이후에는 낭독회에 어떤 운동화를 신고 갈지 생각했다. 일요일 밤엔 자려고 누웠다가 베란다에 놓아둔 운동화가 생각나서 벌떡 일어났다. 축축했던 화장지는 바삭하게 말라 있었고 운동화 앞코는 하얘져 있었다. 운동화는 준비가 된 셈이다.

하루에 운동화 하나씩, 그에 맞는 옷차림을 하고 출근했다가 퇴근하기를 반복했다. 스커트를 두 번 입었고 청바지를 세 번 입었다. 그날그날의 출근룩으로는 나쁘지 않았지만 낭독회에서 입기엔 충분하지 않은 것 같아서 스커트와 재킷을 새로 구입했다. 염색을 하러 미용실에 다녀왔으면 좋았겠지만 시간이 안 났다. 매일 마시던 맥주를 이틀 정도는 쉬었으면 좋았겠지만 퇴근 후 빈속에 들이붓는 맥주의 시원함을 포기하지 못했다. 결국 낭독회 당일 아침, 붉게 올라오기 시작하는 뾰루지와 평소보다 더 신경을 쓰느라 드라이어의 세례를 살짝 더 받은 부자연스러운 앞머리를 거울 앞에서 마주하게 되었다. 재킷 안에 받쳐 입을 셔츠를 이것저것 고르다 결국은 가장 무난한 브이넥 베이지를 골라 입느라 귀걸이는 못 챙겼다. 새로 구입한 재킷은 셔츠의 무난함으로 인해 제대로 된 효과를 내지 못했다. 내가 상상했던 이미지가 있었지만 그대로는 안 됐다. 나는 대체로 이런 식이다. 어떻게든 잘해보자고 뭔가를 반복한다. 반복할 형식을 만들어낸다. 그러고 나면 조금 안심이 되는데 그래서일까, 디테일한 부분에서는 어느 정도 될 대로 되라는 기분이 되어버린다.

가끔은 신경 쓰지 않았는데도 의외로 잘되는 날이 있다. 아무 일정도 없는 그런 날이다. 오래 만나던 사람과 그만 만나기로 했을 때 나는 좀 질척거렸는데 어느 정도는 '의외로 잘되는 날'의 부작용이었다. 내가 상상한 이미지에 모처럼 부합한 날인데 다른 어느 날처럼 보내기는 좀 그런 거 아닌가의 기분에 휩싸여 가만히 잘 지내는 사람을 뒤흔들고 마는 그런 날. 그런 식으로 살다가는 주변에 사람이 남아나지 않을 거라고. 그러니 방법이 없다. 매일매일을 버텨나갈 수 있는 일정한 형식을 만들어내는 수밖에.

예전에 봤던 화보 중에 이런 게 있다. 맨다리를 드러낸 아이돌 셋이 풀밭에 앉아 있는. 언뜻 여름날의 싱그러움이 화면을 뚫고 나올 것처럼 보이지만 나는 알고 있었다. 그들이 깔고 앉은 게 살갗을 상하게 하는 풀이라는 것을. 이런 건 경험으로 알게 되는 것이니 경험이 없었다면 몰랐겠지. 그러니 내가 모르고 지나가는 것은 더 많을 거다. 아무튼 우연히 보게 된 화보에서 느낀 위화감을 통해 나를 둘러싼 세상에 대해 조금은 이해했던 것 같다. 자연스러워 보이는 어떤 모습이나 장면이 정말 자연스러운 것은 아닐지도 모른다는 사실. 그래서 생긴 용기로, '운동화를 자연스러우면서도 멋스럽게 신는 사람이라는 이미지를 주기 위해 보낸 시간'을 소환하고 있는 셈이다. 하지만 나는 잘 잊어버려서 또 이렇게 생각해버린다. 나를 뺀 다른 사람들은 나처럼은 하지 않겠지. 자신만의 독특한 스타일이 뭔지 알아서 쉽게 해내고 있겠지. 그러면서 반복할 형식을 찾아낸다. 클라리사처럼.

빛, 그늘

'사실은 말이야'로 시작되는 말을 또 할 뻔했다. 만나서 이야기를 나누다 틈이 보인다 싶으면 툭 튀어나오려 한다. 금방 나온 사천 탕수육을 먹을 때 호흡 조절을 잘 못하면 매운 기운과 뜨거운 기운이 합쳐져서 재채기가 터져 나오는데 그럴 때랑 비슷하다. 호흡 조절을 잘하면 뜨겁고 맵더라도 재채기를 안 할 수 있고 그러면 내가 여기 앉아서 사천 탕수육을 먹고 있는 존재라는 것을 조용히 증명할 수 있다. 못 참고 기어이 그 말을 꺼낸 다음엔 마음이 허전했다. 참고 나면 뭔가를 지킨 기분이 들었다. "그해 여름, 우리는 자주 만났다"로 시작되는 한유주의 소설 「그해 여름 우리는」을 보면 이런 문장이 나온다. "그래도 우리가 무리 없이 어울릴 수 있었던 건 서로에 대한 미량의 믿음이 있었기 때문이었다. 우리는 서로 밑바닥을 드러내지 않을 거라고, 상대에게서 바닥을 보게 되지 않을 거라고 믿었다."

'사실은 말이야'로 시작되는 말을 건네지 않으면서도 "그해 여름"을 보내고 가을과 겨울까지 보낼 수 있는 관계가 지속되려면 어떻게 해야 되는가. '사실은'을 숨기면서 아니 지키면서 지속되는 관계라는 게 가능할까. 이렇게 적어놓고 보니 열심히 궁리해서 답을 찾아야 할 것 같다. 궁리를 많이 하면 답이 나올 것도 같다. 혹은 용기가 생길 것 같다. 함께하던 순간에 '사실은 말이야'

이렇게 시작되는 말로 내게 용기를 보여준 사람, 나한테만 보여준 게 아니라 세상을 향해 발언이라는 건 이렇게 하는 거야, 제대로 보여준 사람이 떠오른다. 방해가 된다. 내가 말하고자 하는 '사실은 말이야'는 그런 게 아니었는데, 비겁하게 방향을 틀어버리려고 한다. 집중해야 한다. 말하고 나서 책임지는 방향이 아니라 말을 안 하면서 지키는 쪽으로 가는 게 이 글의 목적이니까 말이다.

'사실은 말이야'로 시작되는 말을 나는 왜 꺼내려 하는 걸까. 그 사람하고 친해지고 싶어서 그러는 거라고 생각해보지만 정확하지 않다. 나만 알고 있는 사실을 꺼내놓는다고 해서 그 사람의 흥미를 끌어낸다는 보장도 없고 어쩌면 그 사람이 싫어하는 이야기에 해당할지도 모르니까. 이해받고 싶어서라고 생각해봐도 아무래도 이상하다. 내가 아는 사람이 나와 만나서 이야기를 나누는 목적이 나를 이해하는 데 있지는 않을 것이다. 더 큰 문제는 '사실은 말이야'가 환기하는 내용이 '나'를 이루는 아주 중요하면서도 결정적인 것이라서 그것을 다 듣고 난 후에는 나라는 사람의 실체라거나 본질을 적나라하게 이해할 수 있다고 보기도 어렵다. 그건 그러니까 '사실은 말이야'라고 발화하기 직전의 어떤 적나라함에 불과할 수도 있다. 꺼내놓고 나면 그냥 이야깃거리, 냉장고에서 꺼내 싹둑 잘라낸 고깃덩어리와 별반 다르지 않아서 시간이 지날수록 날것의 신선도가 떨어지고 마는 그런 것.

모르지 않으면서 시도는 반복된다. 그래도 해봐야 하지 않을까. 뭐 이런 생각이 끼어든다. 그 사람한테 내가 어떤 사람인지 말해주고 나서 관계를 지속할지 말지 정해야 하는 거 아닌가. 마치 관계의 시작과 끝을 정할 수 있다는 듯. 이러려고 한 건 아닌데 문장이 제멋대로 움직인다. 맥락을 벗어나려 한다. 벗어나면 벗어날 수 있다는 듯. 그러면 안 된다. 지금 쓰고 있는 문장의 목적은 벗어나는 데 있는 게 아니니까. 벌판에 서 있는 나무를 떠올린다. 바람이 불면 나뭇가지와 이파리는 사방을 향해 뭔가를 말하려는 듯 소란스럽다. 하지만 한 번도 나무가 사방을 향해 발언하고 흩어져버리는 걸 본 적이 없다. 나무가 흩어져 나무가 아닌 것이 되는 모습을 상상한 후, 싹 잊어버리고 싶지만 그런 일은 상상으로도 벌어지지 않는다. 대신에 내가 거실에서 키우는 화초를 본다. 상상하지 않아도 앞에 놓여 있으니까 보게 된다. 화초는 식물이다. 식물은 심을 식, 사물 물로 이루어진 단어다. 그렇다면 나무도 식물로 볼 수 있겠지. 나무를 검색해보니 정말로 무슨 식물로 정의되어 있다. 거실에 식물이 많다. 나는 거실을 정원으로 만들고 싶은가 보다. 아니 숲을 꿈꾸는 것 같다. 벌판에 나무가 한 그루 있으면 벌판에 있는 한 그루 나무지만 벌판에 나무가 많으면 숲이 된다. 나무는 '사실은 말이야'로 시작되는 말을 하는 것처럼 보여도 결국은 하지 않고 숲이라는 넓이를 지닌 존재로 서 있다. 숲은 뭔가 있어 보인다. 그 안으로 들어가서 걸어 다니고 싶어진다. 시간이 없어서 그냥 지나쳐야 할 때는 숲의 이미지를 질질 끌면서 걸어가고 있는 거다. 가다가 어디 의자에라도 앉게 되면 숲은 멈추고 숲에 대한 생각이 이어진다.

누군가를 만나고 집에 돌아오면 한동안 생각하게 된다. 누군가를 생각하는 건데 끝에 가서는 누군가를 생각하는 나를 생각하고 있다는 걸 깨닫는다. 그러니까 나는 나를 너무 많이 생각해서 누군가를 만나도 '사실은 말이야'로 시작되는 말을 꺼내놓는 건가. 내 안에 있는 나로는 성이 안 차서 나를 끄집어내 면적을 넓히려는 건가. 아니면 나 혼자서는 감당이 안 되는 나를 덜어내려는 건가. 이런 나라도 괜찮은 거니? 이렇게 물어보고 싶어서 '사실은 말이야' 이러고 있는 것이면 나는 나를 빤히 쳐다보게 될 것 같다. 숨기어 남에게 드러내지 말아야 할 일. 이게 비밀의 첫 번째 사전적 정의다. 끄집어내거나 덜어내면 더 이상 비밀이 아닌 것이 된다. 나는 지금 거실에 앉아 이 글을 쓰고 있다. 거실은 거의 정원 같아졌다. 정원에 쏟아지는 빛을 본다. 빛이 그 아래로 끌어당기고 있는 그늘도 본다. 순간 아름답다는 생각이 든다. 어쩌면 그런 말을 잘도 꺼내고 있네, 빈정거리고 싶지만 사실이다. 사실을 견딘다. 나는 나를 끝까지 밀어붙이지 못하고 식물과 빛과 그늘에 기댄다. 비유를 통해 내가 어찌지 못하는 나를 정당화하려는 것 같다. 너는 얼굴에 그늘이 있구나.

넌 이름이 뭐야?

샬럿 브론테가 『폭풍의 언덕』 서문을 쓸 때 신경 쓰였던 부분은 이 소설에 대한 "시골풍"이라는 당시의 평가였던 것 같다. 에밀리 브론테가 동생이기 이전에 이미 뛰어난 "거인"임을 인지했던 그는 "이 작품은 시종일관 시골풍이다"라고 스스로 인정하는 한편, 사람들이 폄하하는 바로 그 지점이야말로 이 작품의 뛰어난 성취임을 공들여 설명하고 있다. 샬럿 브론테가 쓴 서문을 읽으며 흥미로웠던 건 다음과 같은 문장이었다. "엘리스 벨은 자기 눈과 취향으로만 경치를 즐기는 사람이 아니었다. 그에게는 고향의 언덕이 인상적인 풍경보다 훨씬 더 중요했다. 그 언덕들은 그곳에 사는 들새들과 그곳이 만들어낸 헤더 못지않게 그가 의지해서 살았던 곳이다."[8]

나에게도 고향의 언덕이 있었다. 열세 살에 그곳을 떠났고, 다음 해에 우연히 들렀다가 살던 집이 배추밭으로 변해버린 모습을 보게 됐다. 이상한 분노를 느꼈다. 구체적 대상이 없는 분노라서 당황했던 기억이 있다. 그리고 가끔 소스라치게 깨닫곤 한다. 그 공간에서 한 발짝도 못 움직이고 있음을. 이후로 나는 "자기 눈과 취향으로 경치를 즐기는 사람" 뿐만 아니라 경치의 기반이 되는 "언덕"에 의지해서 살아가는 사람 어느 쪽도 될 수 없었다. 아름다운 자연의 풍광 앞에서나 빛이 들어오는 창가에 앉아 고즈넉하게 차를 마시는 장면을 볼 때면 위화감이 들곤 했다. 다른 사람들은 위화감 없이 어떻게 고스란히 장소에 속할 수 있는 걸까. 거기까지 생각하면 아득해지곤 했는데, 이 아득함은 몸에 스며든 감각이라서 쉽게 분리해내기가 어렵다.

언제부턴가 엄마는 조심스럽게 위층 사는 노인과 꼬막을 무쳐서 소주 한 병을 비웠다는 이야기 같은 걸 꺼내놓기 시작했다. 어느 날은 계란프라이였고 때론 부침개였으며 그러다가 입맛에 딱 맞는 술을 찾았다고도 했다. 어느 날엔 편의점 앞을 지나다가 우리도 저기 밖에 앉아서 술 한 잔 먹어보자 마음을 먹었고 허리 굽은 노인네 둘이서 생막걸리 한 병을 마주 앉아 마셨더라는 이야기. "우리도 뭐 맨날 구경만 하며 살 필요 있냐? 안 그래? 마셔보니 별거 없더라. 그래도 속이 뻥 뚫리는 게 나쁘지는 않았어." 엄마가 풍경을 눈으로만 감상하는 게 아니라 그 풍경 속으로 들어가 앉아 있었다는 사실이 새삼스러웠다. 마흔에 술로 남편 앞세운 후에는 술이라면 지긋지긋해서 냄새도 맡기 싫다던 엄마였다.

마거릿 애트우드는 "문학에서는 모든 풍경이 제각기 다른 마음의 상태에 해당하지만, 모든 마음의 상태는 하나의 풍경으로 묘사될 수도 있다"[9]고 했다. "마음의 상태"에 해당하는 자신만의 '유스토피아'를 창조하게 된 연유를 밝히면서 한 말이지만 이 부분을 읽다가도 샛길로 빠지고 말았다. 내가 느끼는 곤란이 떠올라서였다. 어떤 현실적 풍경 안에 있게 되더라도 온전히 그 장면 속에 있지 못하고 한발 비켜서 있다는 감각. '나는 왜 이토록 여기에 없는 거지?' 그런 말이나 중얼거리게 된다. 이 상태를 들키게 되면 그때야말로 정말 이곳에 존재하지 않는 사람이 될 수도 있다는 두려움이 따라붙는 건 아주 성가시다. 『폭풍의 언덕』에서 가정부 앨런 딘이 자신이 묘사하고 있는 인물이자 양육하고 있는 인물인 캐서린에게 생기를 불어넣고자 옷자락으로 볼을 문질러 붉은 기운이 돌게 만들었던 것처럼, 나도 다급하게 나라는 인물에게 생기를 불어넣고 싶어진다. 지금에 와서 생각해보면 실감을 갖고 싶다는 그 욕망이 나로 하여금 읽게 하고 쓰게 만들었던 것 같다. 마거릿 애트우드가 욕망의 지점을 유스토피아를 통해 창조하고자 했다면 나는 현실 그 자체를 창조하고 싶었다고 해야 할까. 시에서 환상적 수법으로 점프를 할 때도 목적지는 항상 현실이었다. 어디서 많이 본 듯한 장면이나 상황을 시로 썼던 이유다. 관념어나 비일상적 언어를 최대한 배제하며 거의 공기와 같아서 있는 줄도 모르고 있던, 하지만 없으면 일상 자체가 불가능해지는 말들을 모아다가 시를 쓰고자 했다. 현실에서 발을 떼는 순간 돌아올 수 없을지 모른다는 두려움이 들었다. 하지만 계속 쓰는 사람이고자 조금씩 몸을 움직이면서 알게 된 사실은 내 것이라고 여겼던 마음의 상태라는 게 외부적 요소의 구속물일 수밖에 없다는 것이었다. 내 마음의 상태를 구성하는 맥락을 살피다 보면 주위를 두리번거리는 것만으로는 부족하다는 것. 사태에서 벗어나기 위한 다른 고민들이 생겨났다. 문학을 통해 현실에서는 느낄 수 없는 구체적 실감을 얻고자 했으나 쓰는 일을 지속하면서 결국은 다시 현실을 구성하는 맥락을 살필 수밖에 없었고 그건 지나치게 현실과 밀착되는 것만으로는 부족하다는 것을 의미했다. 조망권의 확보, 언어 재료를 운용하는 기저 맥락의 변화가 필요해졌다.

한 달에 한 번 번역 시집 읽는 모임을 몇 개월째 이어오고 있다. 2020년 노벨문학상을 받은 루이즈 글릭이 말년에 펴낸 시집 『신실하고 고결한 밤』을 읽을 때 공통적으로 나온 이야기는 화자에 대한 것이었다. 자연스럽게 노년의 글릭을 화자로 삼아 시집을 따라 읽다가 "형한테는 엄청 귀찮았을 텐데, 나는 이 방을 형과 함께 썼어"[10]라는 구절에서 '어 이거 뭐지' 의아해하며 멈칫했다는 것이다. 화자가 여성이 아니라 남성이라는 거야? 시집의 목소리를 편안하게 시인의 목소리와 겹쳐가며 읽을 수 없게 만드는 지점이 있었고, 역시 노벨상을 받은 시인답게 만만치 않네, 노련하군, 이런 반응들이 나왔다. 그때 같은 자리에 있던 한 작가가 '좀 비겁하군' 이라는 의견을 내놓았는데 나는 좀 놀랐다. 우린 모임에서 서로를 트릭파와 메시지파로 나누면서 깔깔거리기도 했었는데 비겁하다는 작가의 말을 들을 때는 농담으로만 들리지는 않았다. 그 자리에서 더 이상의 세밀한 대화를 나눈 건 아니지만 이후 비겁함이라는 단어가 자주 떠올랐다. 뭔가를 쓰다가 돌파의 필요성을 느꼈을 때, 내가 취하는 자세가 노련함인지 아니면 비겁함인지 좀 더 본격적으로 생각하게 됐다.

여전히 책을 읽을 때면 "책상에 앉아 있던 사람이 일어나서 문을 닫으며 나갔다"[11]와 같은 지극히 일상적인 문장에 밑줄을 긋는다. 소설 속 사태와는 상관없이 그 문장만을 떼어내 자체적으로 굴러가도록 상상하고 싶어서다. 일상을 구체적으로 살아내는 연습 같은 건데, 나는 왜 이러고 있나 싶어질 때가 있다. 살던 곳에서 남들처럼 그럭저럭 살아갈 줄 알았다가 어느 날 정신 차려 보니 풍경에서 깨끗하게 도려내진 느낌. 시퍼런 배추밭 앞에서 느꼈던 통증. 그런 것들이 원인이라는 것을 지금은 아는 것도 같다. 내가 그래서 그러는구나. 왜 그러는지 알게 됐지만 오래된 습성을 바꾸긴 쉽지 않다. 그게 지금까지 나를 훼손시키지 않으면서 살아오게 한 것도 사실이니까. 달라진 점이 있다면 다음과 같은 문장에 빈번하게 밑줄을 긋기도 한다는 것이다.

그러자 이 우정에 대해 내가 지금까지 품었던 모든
불평불만이 하찮게 느껴졌다. 얼마나 옹졸하고 시시한
것들이었는지. 사실, 비열했지. 이제 내게 책 읽기 외에
유일하게 중요한 일은 독방에 갇혀버린 정신의 유배자에게
그가 부탁한 물건을 보내주는 것이 되었다. 앨리스는 너무 오래
살아 있으면 그것도 유죄라는 평결을 받은 사람 같았다.
죄에 비해 벌이 너무 무겁다는 생각이 어찌나 떨쳐지지 않던지![12]

엄마와 딸 관계를 신랄한 어조로 그려낸 산문집 『사나운 애착』을 읽은 후론 비비언 고닉의 책이 번역되는 대로 읽고 있다. 관계의 핵심으로 바로 들어가는 문장, 쉽게 봉합해버리지 않음으로써 희망을 담지하는 태도. 내가 비비언 고닉의 신랄함이나 솔직함을 장착하게 된다면 좋겠지만 자신은 없다. 그만한 용기와 배포가 내겐 없기 때문이다. 다만 그가 멀리 떨어져 있는 사람이라는 거리감이 오히려 그에게로 다가가게끔 만드는 것 같다. 계속 읽다 보면 뭔가 달라지겠지. 내가 그나마 잘하는 게 뭐든 시작하면 꾸준히 하는 거니까. 하다 보면 뭐 어떻게든 되겠지. 낙관해보는 것이다. 영화 〈톰보이〉에서 인상적이었던 건 여자애가 주인공에게 "넌 이름이 뭐야?"라고 물어보는 마지막 장면이었다. 이사를 자주

다니던 주인공은 놀이터에서 만나게 된 동네 아이들에게 자신을 남자애처럼 인식하게 만들고 같이 어울려 지낸다. 그러던 어느 날 자신의 정체성을 밝히게 되는 순간이 다가오고 주인공에게 좋아한다고 고백했던 여자애는 엄청난 배신감에 휩싸인다. 한 번 준 마음을 아주 거두어들이지는 못했는지 여자애가 주인공의 집에 찾아와 마주 선 순간 그가 한 행위는 이름을 물어보는 것이었다. 숨 막힐 듯이 이어지는 침묵 끝에 나온 "넌 이름이 뭐야?"라는 말. 긴장으로 팽팽해지던 주인공의 얼굴엔 살짝 미소가 감돈다. '너'를 괴롭혀 왔던 진짜 이름을 궁금해하는 순간 여자애는 '너'라는 대상에게 한 발짝 다가서는 셈인데 낯선 타자에게 다가가는 의미로서의 이름을 묻는 행위가 두려움을 수반한다는 점에서 만만치 않은 장면으로 읽혔다. 밖으로 나오지 않으면 안전하다. 경계를 넘지 않으면 상처도 없다. 관계에서 오는 불안과 성가심을 넘어서고자 하는 의지가 없다면 혼자라는 고립감에 익숙해져야 한다. 비비언 고닉은 고립감을 인정하면서도 돌파하고자 하는 의지로서의 글쓰기를 지속한다. 고닉의 글 곁에서 내가 조금이나마 닮고자 했던 건 그런 용기였던 것 같다.

읽고 쓰는 삶을 지속할 수 있을까. 출구가 없다고 느낄 때마다 고요하게 떠올리는 장면이 있다. 아주 단순한

두부 한 모 같은 장면이다. 약속 장소로 가기 위해 생전 처음 와보는 거리를 걷고 있었을 때였다. 학교 앞이었는지 교복 입은 남학생들이 막 쏟아져 나오고 있었다. 한 무리의 동질적 집단 앞에서 나는 겁을 먹었던 것 같다. 그렇지 않아도 낯선 곳이라 두리번거리며 느린 속도로 나아가고 있었는데 순간 당황한 나는 거의 멈추기 직전이었다. 그때 맞은편에서 걸어오던 두 명의 남학생이 하던 이야기를 멈추고 내가 지나가도록 양옆으로 갈라서는 게 보였다. 앞에서 걸어오는 누군가를 배려한다는 의식을 갖고 하는 행동이라기보다는 거의 본능에 가까운 행동처럼 여겨졌다. 실제로 그들이 어떤 의도를 갖고 있었는지는 모를 일이다. 다만 가다가 멈출 수밖에 없을 것 같은 순간에, 그때 봤던 남학생들의 배려를 떠올리면 조금은 더 걸어갈 수 있을 것 같아진다.

8 　에밀리 브론테, 황유원 옮김, 『폭풍의 언덕』, 휴머니스트, 2022, 572쪽.
9 　마거릿 애트우드, 양미래 옮김, 『나는 왜 SF를 쓰는가』, 민음사, 2021, 125쪽.
10 　루이즈 글릭, 정은귀 옮김, 『신실하고 고결한 밤』, 시공사, 2022, 16쪽.
11 　샬럿 브론테, 배미영 옮김, 『교수』, 열린책들, 2009, 27쪽.
12 　비비언 고닉, 박경선 옮김, 『짝 없는 여자와 도시』, 글항아리, 2023, 116쪽.

뭔가가 되어야겠다는 생각을 하지 않아도 된다면, 아마도 그게 가장 좋을 텐데[13]

1

플라톤의 『향연』을 읽은 날 밤에 꿈을 꾸었다.

기차를 타고 어딘가로 향하는 꿈이었다. 나는 창밖의 풍경을 통해 기차가 얼마나 높은 곳에 설치된 레일을 달리고 있는지 인지했다. 높이를 인지하자 왜 이렇게 높은 곳에서 이동하고 있나 하는 의구심이 들었고 의구심보다 더 괴로웠던 건 높이 그 자체였다. 차벽에 바짝 붙어 앉아 있다가 차벽이 허공과 맞닿아 있다는 것을 깨달았고 슬금슬금 중앙으로 나앉았다. 나는 직관적으로 중앙이 수직적 감각을 내재하고 있다는 걸 알았다. 나를 구성하는 요소들이 하나씩 높이에 의해 끌어내려지고 있다고 느꼈을 때, 지원이가 내 옆에 와 앉았다. 지원이는 내가 이십 년 전에 낳은 아이인데 내 옆에 와 있을 때는 어린아이가 되어 있었다. 서로의 손을 잡고 '우리는 얼마나 높이 있는 걸까' 생각했다. 지원이한테 물어보지 않고 '우리'라는 말을 쓸 수 있었던 건 그 순간 저절로 그렇다는 걸 알았기 때문이다. 내가 생각하는 그것을 지원이가 생각한다는 게 신기했다. 저기 뭔가가 있어. 지원이가 소리쳤다. 우린 조심스럽게 옆으로 기어갔다. 모랫더미 속에 빨간색 플라스틱 장난감의 일부가 삐죽 솟아 있었다. 우린 장난감을 꺼내 만져보고 해체했다가 다시 조립했다. 뭔가가 더 있어. 우리는 기어서 더 있는 쪽으로 갔고 반짝이는 둥근 테를 주웠다. 지원이가 내 머리에 얹어주었다. 나는 언젠가 경험했던 것을 다시 경험하고 있었다. 그리고 우리가 모래밭 한가운데 있다는 사실을 알게 되었다. 우리가 찾아내길 기다리는 물건들이 여기저기 흩어져 있다는 사실도 함께.

기차가 사라졌어. 지원이가 말했다. 정말 그렇네. 처음부터 모래밭에 있을 걸 그랬어. 내가 말했다. 잠에서 깨어 『향연』을 펼쳤을 때 밑줄이 그어져 있던 구절은 다음과 같다.

> 인도자에 의해 인도될 수 있는 올바른 길은 다음과 같다 할 수 있습니다. 즉 그것은 이 세계의 지상적 아름다움에서 출발하여 저편의 아름다움을 목표 삼아 사다리를 오르듯이 끊임없이 한 단계씩 올라가는, 다시 말해 하나의 아름다운 육체에서 출발하여 두 개의 아름다운 육체로, 두 개의 아름다운 육체에서 모든 아름다운 육체로, 아름다운 육체에서 아름다운 자기 함양의 노력에로, 아름다운 자기 함양의 노력에서 아름다운 인식에로, 그리하여 그러한 인식들로부터 저 더 높은 단계의 인식에까지 올라가는 것을 의미한답니다. 그 인식은 피안의 아름다움 자체에 대한 인식이며 궁극적으로 아름다운 것 자체를 직관하는 것이랍니다.[14]

2

채은이가 장편소설을 썼다고 했다. 그러면서 언급한 게 '나폴리탄 괴담'이다. 채은이는 자기가 쓴 소설이 '매뉴얼 괴담'에 해당하는데 '나폴리탄 괴담'을 생각하면 된다고 했다. 옮기면 다음과 같다.

어느 날, 나는 숲을 헤매게 되었다.

밤이 되어 배도 고파졌다.

그런 가운데, 한 식당을 찾아냈다.

'여기는 어떤 레스토랑'

이상한 이름의 식당이다.

나는 인기 메뉴인 '나폴리탄'을 주문한다.

몇 분 후, 나폴리탄이 온다. 나는 먹는다.

……어쩐지 이상하다. 짜다. 이상하게 짜다. 머리가 아프다.

나는 불평을 늘어놓았다.

점장 "미안해요. 다시 만들겠습니다.

돈은 받지 않아도 좋습니다."

몇 분 후, 나폴리탄이 온다. 나는 먹는다. 이번에는 멀쩡하다.

나는 식당을 나온다.

잠시 후, 나는 눈치채고 말았다……

여기는 어떤 레스토랑……

인기 메뉴는……나폴리탄……

"여기는 어떤 레스토랑……" "인기 메뉴는 나폴리탄……"을 채은이가 빠르게 주워섬기고 있을 때 나는 속으로 뭐야? 그랬지만 집에 와서는 궁금해서 찾아봤다. 배리에이션까지 찾아보느라 꽤 많은 시간이 소요됐다. 채은이는 참 이상한데 꽂혀 있단 말이야 중얼거리면서도 나는 나폴리탄 괴담에 깊이 빠져들어갔다. 채은이가 짓던 이상한 표정을 알 수 있을 것 같기도 했고 채은이가 쓴 장편소설을 읽어봐야겠다고 생각했다.

3

범준이는 『은하철도의 밤』을 갖고 왔다. 나는 범준이를 잘 몰랐는데, 범준이가 '캄파넬라'가 말이야 그랬을 때 어, 나도 캄파넬라 아는데 그러면서 범준이를 알게 됐다. '캄파넬라'는 내가 좋아하는 노래인 〈은하철도의 밤〉에도 나온다. 범준이는 그 노래를 모른다고 했다. 그날 범준이한테 책을 빌려 갖고 와서 천천히 읽었다. 내가 주말에 이 책을 읽는다는 것을 범준이는 내내 의식했을 것이다. 그게 좋았다. 주말에 범준이가 노래를 찾아 들었으면 좋겠다고도 생각했다. 그리고 이런 문장을 옮겨 적고 싶었다.

우리의 자기 이해 구조를 분석하거나 혹은 자신의 내부를 들여다보고 나의 어떤 특질이 진짜 나인지 생각해도 아마 답은 얻지 못할 것이다. 나는 무엇인가를 질문하고 내가 소유한 것, 타인은 없고 내게만 있는 것을 찾아보아도 아마 보이지 않을 것이다. 그렇다면 이렇게 생각할 수 있지 않을까?

나는 무엇인가를 묻지 말고, 차라리 나는 누구인가,

즉 누구에 대한 특정 타자일 수 있는지를 물어야 한다고.[15]

나는 〈은하철도의 밤〉에서 조반니가 "캄파넬라, 우리 함께 가자" 외치던 순간을 기억한다. 그리고 "지금까지 캄파넬라가 앉아 있던 자리에는 검은 융단만 빛나고 있을 뿐, 캄파넬라의 모습은 더 이상 보이지 않았습니다"라는 문장을 잊을 수가 없다. 조반니처럼 목 놓아 울어야 했던 순간이 있었지만 그러지 않았던 나를 견디는 게 지금은 가장 힘들다. "뭔가가 되어야겠다는 생각" 같은 건 이제 하고 싶지 않다.

---

13 와시다 기요카즈, 김소연 옮김, 『알 수 없는 나』, 문예출판사, 2019, 75쪽.
14 플라톤, 박희영 옮김, 『향연 : 사랑에 관하여』, 문학과지성사, 2003, 211~212쪽.
15 와시다 기요카즈, 같은 책, 97쪽.

4부

사람

계절 기억

나무가 있었지?

살구나무 말하는 거니?

그 나무가 살구나무라면.

그래 그게 거기 있었지.

거기가 어디야?

이미 말한 것 같은데.

그래도 한 번 더 말해줘.

나눴던 대화를 그대로 옮기려고 했지만 너무 오래전 일이라 그냥 되는 대로 옮겨봤다. 둘 다 반말을 사용하고 있기 때문에 둘의 관계를 한 번에 파악하기 어려울 수 있다. 하지만 잘 들여다보면 대화를 나누는 두 사람 사이에는 살아온 시간 차이에 의한 경험의 유무가 있다. 나무를 본 사람과 있었다는 나무를 상상하는 사람. 나는 어느 사람 입장에서 문장을 적어나가야 할지 고민이다. 드러난 현실로만 따지자면 내 위치는 정해져 있어서 그대로 적어나가면 된다. 그렇더라도 어젯밤 꿈에서 나는 다른 나라에 가기로 해놓고 직전까지 아무것도 준비하지 못해 친구를 난처하게 만드는 사람으로 등장했다. 준비를 안 한 건 아니고 미리 준비를 해놓아야겠다고 생각을 너무 일찍 했던 나머지 막상 가야 할 날이 닥쳤을 때는 그 모든 걸 까먹었던 것이다. 참 이상한 사람이다. 그 사람이 나라고 하니까 받아들이기로 하면서도 조금은 억울했다.

> 지금 네가 쓰는 방 있잖아, 그 방 측면의 문을 열면
> 바로 보이는 자리에 그 나무가 있었어.

> 그 나무가 있었어.

> 문을 열면 보이는 자리에.

나무가 있었던 위치에 대해 설명하는 발화 문장은 발화자가 누구인지 지시한다. 그 뒤에 이어지는 문장들은 발화자가 누구인지 정확하게 지시하지 못한다. 나무를 직접 봤던 사람의 회고적인 문장이 될 수도 있고, 있었던 나무를 상상하는 사람이 그 나무를 구체적으로 상상하기 위해 말꼬리를 잡는 문장으로 읽을 수도 있다. 내가 이렇게 설명을 하려고 들면 친구는 가만히 좀 있어 봐 뭐라고 하는지 더 들어보게, 라고 말하면서 말하고

있는 사람 쪽으로 몸을 기울이곤 했는데 내가 또 나한테만 집중하고 있었구나 반성하는 한편 속이 상해서 친구를 한 번 더 쳐다보곤 했는데 그럴 때 내가 어떤 표정을 짓는지 친구는 알았을까? 나는 그동안은 몰랐을 거라고 생각해왔는데 이 문장을 쓰면서는 문득 알았을지도 모르겠다는 기분이 든다.

문을 열면 장마가 오고 있어서 바람이 차갑게 느껴지는 오늘처럼 자잘한 이파리들이 바람에 몸을 막 뒤집고 그랬겠지. 이파리가 몸을 뒤집을 때마다 언뜻언뜻 보이는 게 있었겠지. 마치 기억의 뒷면처럼. 그럼 나는 기억 속에 머리를 들이미는 바람과 같겠지. 많은 발이 달려서 천천히 가는 것 같아도 갈 만큼은 가는 이야기 같겠지. 요정과 같겠지. 기억 속으로 머리를 들이밀어 나아가려면 점점 작아지는 몸이 유리할 거야. 바람이 더 작으려나. 아니지 바람은 입자가 작은 공기처럼 보여도 덩어리야, 큰 덩어리. 한꺼번에 이야기를 휩쓸어가는 마을이야. 그럼 요정처럼 작은 애가 되어서 이야기에 도착할까.

살구가 달려 있던 때로 가볼까. 살구가 노랗게 익어서 바닥으로 툭 떨어지는 장면 속으로. 문을 열어 바라보고 있다가 살구가 떨어지자마자 슬리퍼를 꿰어 신고 달려 나가서 살구를 집어 든다. 아직 입에 넣지도 않았는데 침이 고이네. 잠깐 침을 삼키면서 드는 생각. 이야기 속에 등장하는 사람 중에 상상으로 침이 고이지 않았던 이가 한 명 있어. 땅에 떨어진 살구를 집어 들고 쓱쓱 옷자락에 문지른 다음에 입에 넣고 깨물었던 사람. 그 사람이 이쪽을 바라보는 것 같아. 나는 내가 그 사람이 아닌 게 너무 속상해서 울고 싶어져.

나무가 벽에 너무 가깝게 자라고 있어서 그냥 놔둘 수가 없었다는구나. 동네 남자애들이 살구를 따 먹으려다가 자꾸만 나무에서 떨어졌거든. 누구 하나 다리 병신 만들겠다 싶어서 톱으로 밑둥을 잘라버렸다지. 왜 사람들은 환한 대낮에는 못하고 밤에만 그렇게 기어 올라가고 그랬는지 몰라.

엄마는 정말 몰랐던 걸까. 방문을 열고 옛날에 있었던 살구나무 이야기를 해주던 엄마는 지금 이 글을 쓰고 있는 내 나이보다 두 배는 많은 나이가 되었고, 그러니까 나는 대화 속 엄마와 엇비슷하게 나이 먹은 여자인데.

자꾸만 방문을 열어 살구나무를 바라보는 여자애를 떠올리고 있나. 질투하고 있나. 그리워하고 있나. 이런 걸 안 하면서 살면 좋겠지만 나는 붙들고 늘어진다. 나무가 있었지? 그게 살구나무였구나. 어디에 있었다고 했지. 그래, 문을 열면 보이는 그곳에. 동네 남자애들이 밤마다 나무를 타고 올라가서 살구를 따 먹다가 툭 툭 떨어지곤 했다지. 잘 익은 살구처럼. 내가 그리워하는 게 뭘까. 나는 내가 태어나기도 전에 여자애였던 엄마가 되어 살구나무를 바라보며 저 나무가 곧 잘릴 텐데, 그럼 아무 즐거움이 없을 텐데, 무엇보다 나중에, 아주 나중에 나를 닮은 여자애가 저 나무를 그리워하게 될 텐데, 말도 안 되는 말을 중얼거리고 있는 것이다.

물질과 잠

그 사람을 어떻게 하다가 만났는지 지금 생각해도 어리둥절하다. 그 사람을 설명하는 일은 쉽지 않은데 왜냐하면 어느 특정 지역을 통해서만 떠올릴 수 있는 종류의 사람이기 때문이다. 이를테면 충청북도 괴산이나 보은, 옥산 같은 곳에 사는 사람의 성질을 지녔다고 할까. 관계로 따지자면 사촌은 너무 가깝고 최소한 육촌 정도는 되어야 한다. 명절이나 집안 어른의 이장 같은 행사를 하게 되면 흩어져 있다가 모이게 되면서 한 덩어리가 될 수 있다. 누구라고 꼭 짚어서 말할 수 없는, 그렇지만 나를 어느 정도는 알고 나도 그만큼 아는 사람이다. 그런 사람을 예기치 않은 순간에 따로 만나는 건 아무래도 이상하다.

물질에는 색깔이 있다. 안에 있다가 밖으로 쏟아져 나오는 물질이라면 온도가 있다. 안에서 밖으로 나올 때 그야말로 줄줄 흘러나올 수도 있고 덩어리진 상태로 시간차를 두면서 물컹물컹 나올 수도 있다. 물질이 쏟아져 나오다가 멈춘다면 처음에는 축축한 상태겠지만 더 많은 시간이 지난다면 마를 것이다. 마른 흔적이 남을 것이다. 그런 물질을 담고 있는 육체로 혹은 그런 물질을 쏟아내는 육체로 잠을 자고 있을 때 사람이 찾아온다. 잠 속으로 사람이 찾아오면 그 사람과 함께할 공간이 형성된다. 공간은 고정되어 있는 듯하다가도 어느 순간 점점 넓어지다가 아예 밖이 될 수도 있다. 때론 이동하기도 한다.

그 사람이 찾아왔다. 어디 멀리서 왔다고 했다. 그 사람이 와서 내 곁에 자리를 잡고 앉으니까 내가 잠을 자고 있다는 게 실감이 났다. 잠 속에서 일어나는 일에 실감을 부여하는 게 자연스러운 일은 아니지. 하지만 지금 나는 억지로 뭔가를 꾸며내고 있는 게 아니다. 실제 일어난 일과 그로 인한 감정, 감각을 가능한 한 사실에 가깝게 적고 있는 중이다. 그 사람은 내 꿈에 나타날 그런 종류의 사람은 아니었는데도 불쑥 나타나서 "네가 뭘 하든 상관없지만 내가 네 옆에 있다는 것을 잊지 마" 내 귀에다 대고 그런 말을 쏟아놓아도 되는 사람처럼 굴었다. 꿈속에서 누군가의 방문을 받는 일이 그렇다. 예측할 수가 없다. 나의 의도나 계획과는 무관한 일이라는 것이다. 나와 아무 상관없이 벌어지는 일이니까 마음에 담아둘 필요가 없다고 속 편하게 생각하면 좋겠지만, 잠 속에서 일어나는 일이라는 게 내가 인식하지 못하고 있는 내 몸의 상태나 마음의 상태와 관련 있다는 것도 모른 척할 수는 없다.

앞에서 그 사람과 함께할 공간을 미리 마련해놓았기 때문에 지금부터는 잠 속에서 그 사람과 무엇을 했는지 말해야 한다. 하지만 난감하다. 뭘 하고 있었는지 그때는 알았지만 지금은 기억이 안 난다. 다만 그 사람과 뭘 하다가도 수시로 내 몸속의 물질을 쏟아내야 하는 타이밍이 찾아와 "여기서 잠깐만 기다려요" 말하고 장소를 찾아 나서야 했다는 건 기억난다. 정말 사람을 미치게 하는 이상한 지연이 시작된다. 분명 거기 있어야 할 장소가 잘 안 나타난다. 잠을 자기 전에는 그곳에 있었던 장소가 잠 속에서는 자꾸 이동하는 것 같다. 어떻게 해서 간신히 찾아내면 안에 누가 있다. 당연히 아무리 기다려도 나오지 않는다. 왜냐하면 그 사람도 이미 잠 속으로 들어와 있는 사람이기 때문이다. "이봐요, 당신도 그런 거죠?" 물어보고 싶지만 물어보고 나면 내가 잠 속에서 지연시키고 있는 물질을 쏟아내는 순간이 결정적으로 도래할 것이다. 아직은 아니다.

여기서 그만두는 게 어때?

그 사람이 내 옆에 와서 속삭인다. 속삭임이 물질을 쏟아내는 것과 다르지 않다는 사실을 문득 깨닫는다.

그럼 당신은 사라지고 말 텐데요.

아, 잠깐 나는 왜 그 사람한테 존대를 하고 있지? 문장으로 적지 않으면 무슨 일이 일어나는지 잘 모른다. 문장을 적으면서 알게 되는 것들이 있다.

  어차피 이 모든 건 당신한테 달려 있으니까요.

내가 이상하다고 생각하고 그 생각을 문장으로 적으니까 그 사람도 존대를 한다. 문장을 적어나가다 보면 나도 몰랐지만 내가 도착하고 싶었던 그곳에 도착하는 일도 생긴다. 내 귀에 물질을 쏟아놓고 있는 그 사람은 정말로 육촌 정도 되는 사람일까. 그 정도의 거리감으로 나타난 그 사람은 내가 지금 잠 속에서 수행하는 행위가 의례와 관련이 있다는 것을 말해주는 것일까. 아무튼 나만 존대를 하지 않고 상대도 나한테 존대를 하게 됐으니까 이 문제는 더 이상 붙들고 있지 말자. 나는 장소를 찾아야 하는 상태에 있으니까. 벌써 시간이 많이 흘렀다. 그곳에서도 그렇고 그곳에서 빠져나와 문장을 적고 있는 지금도 그렇다. 문장을 적는 일은 빠져나온 후에 가능하다. 그러니까 문장을 적는 일은 내 몸에서 물질이 빠져나온 후에 그것도 한참이나 식은 후에 진행된다. 그 온도와 질감이 있었는데 있었다는 흔적에 의지해 더듬거리는 작업이다. 그만둘까. 하지만 그만두면 그게 있었다는 사실 자체가 사라지잖아. 내 몸이 기억하고 있다는 그런 말을 해봤자 내 몸이 무엇이란 말인

가. 기억하고 있다는 게 무슨 말인가. 일어난 일을 사실에 가깝게 문장으로 옮기기 위해 할 수 있는 걸 하고 있다. 실감이었다고 느낀 것을 정말 있었던 것으로 만들기 위해.

살리는 반복

또 왔다 가네.

누구?

그 여자 말이야.

옮겨놓은 저 담화에는 서사가 있다. 두 사람이 대화를 나누고 있으니까 그 둘의 서사로 접근해볼 수 있다. 아니면 저 둘의 대화를 '그 여자'의 서사를 감싸는 틀로 이해할 수도 있다. 열 살 무렵의 내가 '여자'의 서사 바깥에서 대화를 나눴다면 지금의 나는 그 장면을 떠올리며 나눴던 대화를 최대한 간결한 문장으로 옮겨 적는다. 대화를 나누던 장면에 달라붙은 것들을 다 기억할 수는 없지만 한 사람이 올해도 어김없이 마을에 다녀갔다는 사실은 어디 가지 않고 남아 있다.

단순 사실을 적은 문장에 대해 본격적으로 말하기 전에 이런 말도 해볼 수 있다. 더 어릴 때는 '세 가지 소원'이 있었다고. 실수 없이 세 가지 소원을 말하는 것에 골몰하느라 누가 보면 꽤나 사색적인 아이라고 생각했을지도 모를 때가 있었다. 내가 읽은 세 가지 소원 이야기는 다음과 같다. 첫 번째 소원, 소시지가 먹고 싶다. 두 번째 소원, 기껏 소시지가 먹고 싶다는 소원을 말해버린

저 영감탱이를 용서할 수 없다. 코에나 붙어버려라. 마지막으로, 소시지를 코에 붙이고 남은 생을 살아갈 수는 없는 노릇이니 노부부는 코에서 소시지를 떼어내는 것으로 소원을 써버린다. 구조는 단단해서 잊히지 않지만 내용은 두 다리에 힘이 하나도 안 남게 만든다. 노부부와 같은 실수를 하지 않으면서 세 가지 소원을 말하는 방법은 없을까. 생각에 생각을 거듭하면서 소원 하나의 면적은 점점 확대됐고 급기야 지구 전체를 살리는 소원으로까지 일반화되는 지경에 이르렀다. 이쯤 되면 이건 소원이 아니라 하나의 이상이자 관념이 되어버린다. 이후에 세 가지 소원 이야기는 하나의 비유에 불과하다는 걸 깨닫는데 그게 아니더라도 나는 점점 관념이 아니라 실감에 집착하는 사람에 가까워지고 다음과 같은 문장을 복기하게 된다.

여자가 또 왔다가 갔다.

저 담화에서 문장 하나를 추출해낸다. 구체적으로 반복되는 행위가 담긴 문장이다. '구체적인 것' 하면 떠오르는 게 또 있다. 실제 일어난 일이라고 보기는 어렵지만 그렇다고 완전히 꾸며낸 이야기도 아니다. 도시로 나와 살게 된 마을이 금천동이었다. 거기서 무심천을 따라 올라가다가 오른쪽으로 꺾으면 육거리 시장 초입에 들어설 수 있는데 그 초입에 들어서는 장면이 꿈에 자주 나온다. 뭔가가 왁자지껄 시작될 것 같은 기미가 보이고 그때쯤 구체적인 인물 하나가 등장한다. 그 꿈을 꿀 때마다 놀라운 건 등장하는 인물이 매번 바뀌는데도 꿈에서 깨어나 그 인물을 떠올리면 한 사람만 생각하게 된다는 것이다. 이야기가 샛길로 새어버렸는데 왜냐하면 나는 아직 본격적으로 그 여자에 대해 말할 준비가 안 되었기 때문이다. 말해버리고 나면 저 단단한 문장이 와해되어버릴 것만 같기 때문이다.

며칠 전에는 담화 속 또 하나의 인물인 엄마에게 전화를 걸어 '그 여자'가 나중에 어떻게 됐는지, 여전히 살아 있는지 물어보려고까지 했다. 그러면 안 된다는 걸 나는 경험으로 알고 있다. 그 여자가 왔다가 갔다는 말을 중얼거리던 엄마의 말이 무엇을 의미하는지 모르지만 그게 중요하다는 것만은 기억하려는 내가 있다.

반복에 대한 이야기다. 오늘은 주말이고 평일에는 이 방에서 무슨 일이 벌어지는지 모르지만 주말에 경험하는 것으로 미루어 짐작해볼 수는 있다. 커튼을 반쯤 젖힌 창문을 바라보고 앉아 있다가 방에 있던 화초를 거실에 내다 놓고 들어왔다. 이 방은 북향이고 오전에는 해가 들지 않는다. 그러다가 오후가 되어 갑자기 환하고 뜨거워지는 느낌에 정신을 차려보니 빛이 들어오고 있었다. 그것도 아주 깊숙하게 들어오는 빛이었다. 얼른 거실로 나가 화초를 들여왔다. 화초가 이 시간만을 기다렸는지도 모른다는 생각이 퍼뜩 들었기 때문이다. 내 방에서 내가 침입자가 된 기분이 들었다.

그 여자는 해마다 마을에 술 한 병을 들고 나타나 산소에 들른다고 했다. 아직 살아 있는 자기 엄마 집에는 들르지 않는다고도 했다. 그 여자가 찾아가는 사람이 아직 죽기 전에 그 여자의 엄마가 되는 사람이 그 집에 들어와 아이를 낳고 또 낳았다고 했다. 딸도 낳고 아들도 낳고 그렇게 태어난 큰딸이 그 여자라고 했다. 아이가 없었던 전처는 내가 모르는 사람이고 아이를 낳은 후처는 나도 잘 아는 사람이라서 동네에서 만나면 인사도 하고 그랬는데 자기를 낳아준 엄마는 안 보고 자기를 안 낳아준 엄마는 보러 오는 그 여자가 어딘지 이상했지만 거기에는 뭔가 중요한 게 있는 것처럼 생각됐다. 한 번도 빠지지 않고 마을에 왔다가 가는 그 여자의 행보는 단단해서 훼손되지 않을 것처럼 보였다. 뭔가 마음이 불편해지거나 견딜 수 없는 순간에 놓이게 되면 그 여자처럼 해야겠다고 생각해보기도 했다.

나중에 나는 어릴 때 했던 이 생각을 자주 소환하게 되는데, 그즈음에 느끼게 된 건 조금 다른 종류였다. 단단해서 훼손되지 않을 거라고 확신하는 그 순간에 그림자처럼 깔리던 감정이 불안이었다는 것을. 저러다가 한번 못 오면 어떻게 되는 거지? 나는 이미 누군가 마음을 먹고 꼭 그 일을 해야겠다고 다짐하더라도 그게 불가능해지는 기습적 순간이 있다는 걸 모르지 않았기 때문이다. 나는 반복의 단단함과 숭고함에 마음을 빼앗기는 한편, 그 단단한 사이로 미세하게 발생하는 틈을 모른 척하지 못했다. 또한 견디는 게 불가능할 정도로 그리운 무엇이 생겼을 때 반복해서 그곳을 향한다는 게 늘 가능하지만은 않다는 사실도 경험으로 이해하고 있었다. 그렇더라도 그 여자가 또 왔다가 갔다는 문장은 그때나 지금이나 매혹적이다.

마음에 드는 문장

꽃을 꺾었다. 이 한 문장을 적기만 했는데도 뭐라 말로 설명하기 힘든 감정이 휘몰아치면서 손바닥에 풀물이 들고 마지막 순간에 똑 부러지지 않고 섬유질이 남아 저항한 힘의 흔적이 느껴진다. 흔히들 닭 모가지를 비튼다고 하는데. 어릴 때 생각이 난다. 엄마가 못하겠다고 하니까 아버지가 뒤에서 뭐라고 했는데 어쩌면 두 분 다 못하는 쪽에 가까웠겠다는 생각이 든다. "꽃을 꺾었다"는 문장은 한참 전에 적어놓았던 "내가 꺾어서 모아온 꽃이야!"라는 문장을 들여다보다가 이 문장은 관계를 설정하지 하지 않으면 성립하지 않으니까 누군가를 향하지 말고 그야말로 행위만 남기려고 적은 것이다. 겹문장을 홑문장으로 만들고 수식어를 빼고 나면 서사가 지워지면서 추상에 가까운 문장이 될 줄 알았는데 더 많은 생각과 감각이 달라붙는다. 한국어는 주어를 생략해도 상관이 없으니까 내가 한 행위가 아니고 허구적 글을 쓰는 거라고 우기면서 거기에다가 삼인칭 누구를 갖다 붙이면 어떨까 잠깐 생각해본다. 지금 쓰고 있는 문장은 제가 경험한 것이 아니고요, 다른 누군가가 한 행위를 옮겨놓은 것이랍니다, 그래봤자 소용없다. 누가 읽기 전에 쓰고 있는 내가 있다. 문장에 달라붙는 관계의 우글거림을 견디지 못하는 이런 감각이 문장을 헐벗게 만든다. 이런 식의 문장을 구사하는 작가들이 없는 건 아니다. 몇몇 작가들이 떠오르고 앙상한 뼈

만 남은 문장을 길게 이어지는 글 중간중간에 박아놓으면서 그럼에도 불구하고 간신히 아니면 기어이 앞으로 조금씩 움직이는 문장을 적었던 작가들. 내가 생활을 아예 버리고 문장 자체에 집중하는 사람이 되었다면 어땠을까, 그런 생각을 종종 한다. 감자를 깎는다든가 프라이팬에 파 기름을 내서 먹을 만하게 볶아내는 행위를 중단하면서 그야말로 문장만 들여다보는 사람 말이다. 다 말도 안 되는 얘기라는 걸 모르지 않지만 그래도 소거하고 소거하다 보면 그런 세계를 만나게 되지 않을까. 나는 내가 적고 있는 이 문장들이 어디로 갈지 모르고, 이런 생각을 하고 있는 게 무섭고, 그렇더라도 더 나아갈 수 있다고 말해보지만, 이 문장들을 적다가 일어나 냉장고 문을 열어 부위별로 잘라놓은 닭을 뜨거운 물에 끓이다가 차가운 물에 씻고 갖은 양념을 한 후에 닭볶음탕을 만드는 사람이라는 사실을 잊지 않는다. 그것까지 잊는 순간, 나는 생활이 불가능한 사람이 되어, 어 아무래도 이상한 사람이야, 그런 말을 듣게 될지도 모른다. 아니 어쩌면 자기만의 세계를 구축한 사람이라는 말을 듣게 될까. 이 문장은 마음에 든다. 나는 마음에 드는 문장을 쓰다가 말고 일어나 저녁 식탁을 차리고 먹고 씻고 다시 책상 앞으로 오게 되면 지금까지 적었던 문장을 다듬을 것이다. 조금 더 생활에 가까운 문장으로, 읽을 만한 문장으로, 납득할 만한 문장으로 몸을 비틀고 고치면서 아직은 아닙니다, 제가 감당할 만한 순간이 올 때까지는 조금 더 생활을 해나가겠습니다, 제가 얼마나 살고 싶어 하는지 알게 된다면 깜짝 놀라게 될 거예요. 아, 그게 문제인지도 모르겠다. 끔찍하게도 살고자 하는 마음. 그런데 그 살고자 하는 마음이 스스로를 들여다보고 관계를 고민하는 과정 가운데서 목소리를 갖게 되고 위치를 살살 살피면서 이제까지와는 다른 감각으로 나를 이동시키고. 봄에 비가 오고 나면 새순이 올라오듯 세상에 처음 고개를 내밀었는데 아 어떻게 해야 할지 모르겠어. 그냥 있는 대로 봐주면 안 되겠니? 여기까지 적고 나서 뒤에다가 아이, 징그럽잖아, 라는 말을 적으려고 한 걸 보면 나는 아직 괜찮다. 너무 이상해지지는 않았다. 하지만 그 새순이 돋는 순간이 불쑥불쑥 선명할 때가 있다. 이런 나는 문장을 적는 와중에 만나게 되고, 그 빈도가 점점 잦아지고, 지금은 일요일 저녁이고, 이제 곧 일어나서 저녁밥을 만들어 가족과 함께 식사를 한 후에 충분히 잠을 자야지. 출근해야지. 출근이 나를 너무 멀리는 가지 않게 해주는 걸까, 아니면 그냥 이런 나를 내버려두면 충분히 갈 데까지 간 후에 그게 뭔지 알고서 아이 너무 오래 씻지 않았는걸, 그러면서 따뜻한 물에 몸을 담그고 천천히 오래 씻은 후에 욕실에서 나와 거실에서 수건을 개고 있는 사람에게 오늘 어때? 물어볼 수도 있겠지. 사람은 사람에게서 멀어진 지 오래고 건조기에서 꺼낸 수건한테서는 마른 냄새가 날 것이다.

어느 정도 거짓

사물이 먼저 눈에 들어왔고 그다음에 사람이 생각났다. 나는 사람이니까 결국 사람한테 귀결되나. 사물은 사람에게 도달하기 위한 수단인가. 나는 이 글이 끝날 때 내가 어디에 도착해 있을지 궁금하다. 글을 쓰는 재미는 바로 그 부분에 있고 지금부터 이어질 문장은 조금 길다. 카탈로그에서 오리기 좋은 사물을 골라 가위질을 하면서도 고개를 들고 있어야 한다는 화가와의 약속을 지키기 위해 무너지려는 허리를 의식적으로 곧추세우는 부인이 있고, 창문 너머로 부인을 바라보며 그 사람의 무릎에 얼굴을 파묻고 당신을 사랑한다고 말하고 싶다는 욕망에 휩싸인 채 그림에 몰두하는 화가가 나오는 소설을 읽을 때, 그 사람이 생각났다. 그 뒤에 화가가 의식에서 부인을 쫓아내기 위해 시선을 돌리다가 시계초를 발견하는 장면이 이어졌기 때문이다. 나는 시계초를 본 적 없지만 내가 떠올린 그 사람이 시계초에 대해 언급한 적은 있다.

잠을 잘 못 자요. 그런 지 한참 됐어요. 만난 지 얼마 안 됐을 때 피곤해 보인다는 그 사람의 말에 내가 한 대답이다. 어쩐지 나는 그 무렵 만나는 사람들에게 그런 말을 잘도 하고 다녔다. 또한 그 사람과는 골목길을 많이 걸어 다녔다. 내가 잠을 잘 못 잔다고 말했던 날로부터 며칠이 지난 후에 그 사람이 잠깐만 있어봐요, 그러면서 가방에서 뭔가를 꺼내 나에게 건넸다. 시계초로 만든 환이라고 했다. 이걸 먹으면 긴장이 풀리면서 잠이 온다고 해요. 저도 가끔 복용하는데 효과가 아주 없다고는 할 수 없지만 사람마다 체질이 다르니 조심스럽게 한번 접근해봐요. 시계초가 나오는 소설의 문장이 아니었다면 내 말을 주의 깊게 들었다가 약병을 건네던 그 사람에 대한 기억은 어딘가에 묻혀 있기만 했을 텐데. 덕분에 나는 그 사람을 떠올렸고 동시에 조바심이 났다. 내가 그 사람한테 뭘 준 적 있나. 기억이 잘 안 나지만 나도 그 사람한테 뭔가를 줬어야 해. 받기만 하고 이만큼이나 떨어져 있다면 견딜 수가 없다. 견딜 수 없는 순간을 맞닥뜨리면 글을 쓰는 수밖에 없다.

소설 속 부인이 카탈로그에서 오리기 좋은 사물을 골라냈던 것처럼 나는 시계초를 떠올리며 그 사람에 대해 생각하고 그 사람의 마음을 헤아린다. 사람이 사람의 마음을 헤아리게 되는 순간이 이렇게 늦게 오면 어려워진다. 소설에서 시계초를 못 봤다면 나는 계속 받은 줄도 모르고 지냈으려나. 주변을 둘러보면 사람도 있지만 그보다 훨씬 더 많은 게 사물이니까 언젠가는 알게 됐으려나. 사물은 그렇다. 잠을 잘 자기 위해서도 필요하고 같이 걸어 다녔던 골목을 떠올리기 위해서도 필요하다. 그렇다면 사람은 사람하고만 살아간다고 할 수 없고 사물과도 함께 살아간다고 말해볼 수 있다. 그 사람을 생각하면 떠오르는 게 그 사람의 마음이기도 한 것처럼 이제부터는 그 사람을 생각하면 시계초 환도 떠오르겠지. 뭔가를 떠올리는 일이 이렇게 순환하네. 시계초 환은 다 먹었지만 그 약병을 버리지는 않았을 것 같은데, 그 사람과의 한때가 기억으로 남아 있는 것처럼 약병도 어딘가에 있을 거라고 말해본다. 무언가를 담았던 용기를 안 버리는 사람도 있겠지. 사람은 무슨 큰 용기 같은 거라서 많은 것들을 담은 채 약속 장소에 가려고 걷는다. 신호등 앞에서 신호 바뀌기를 기다릴 때 맞은편에 서 있는 사람을 보고 무슨 큰 용기잖아, 거의 시계초 약병이네, 그런 말을 중얼거린다. 그 사람을 만나기 위해 걸어가는 순간마다 용기에 담겨 있는 것들을 하나하나 꺼내 먼지를 닦는다. 다 닦은 후에 죽 늘어놓고 쓰다듬어본다. 고무 밴드. 이어폰. 가방을 어깨 위로 끌어올리던 모습. 왜 이렇게 빨리 걸어요, 우리가 빨리 걸으려고 만난 건 아니잖아요, 그렇게 말해서 내가 빨리 걷는다는 걸 알기도 했었지. 그다음부터는 다른 사람과 걸을 때, 저는 좀 빨리 걷는 편이에요, 먼저 말하기도 하고. 지금은 혼자 걷고 있어서 어떻게 걷고 있는지 생각도 안 하면서 걷는데. 저기 창문 안쪽 벽에 기대 앉아 있는 사람이 보인다. 오는 내내 당신을 만났다고 말하면 이상한 표정으로 나를 바라볼 수도 있으니까 함부로 용기의

뚜껑을 열지는 않으면서 그 사람의 맞은편에 앉는다. 오느라 더웠지? 어제는 잘 잤어? 여기 먼저 와서 기다리다가 보니까 우리가 골목을 많이 걸어 다녔던 그 해가 생각나더라고. 네가 잘 못 잔다고 해서 내가 무슨 환을 주기도 했잖아. 생각하면 그 시간들로부터 참 많이 멀어졌어, 그치?

사실 그 사람을 만나는 장면은 꾸며낸 거다. 문장을 막 적다 보니 그런 결론에 다다랐다. 물론 그 사람을 만났다는 문장에서 이 글은 끝나도 좋았을 것이다. 하지만 그건 거짓말에 불과하니까 내가 거짓말을 하고 있다는 말을 덧붙이는 게 바람직하다고 생각한다. 문장을 적는 일은 내가 어디까지 갈지 모르면서 그냥 문장을 따라가 보는 일에 가깝고 그러다 보면 나는 거짓말을 곧잘 하는 사람이 되지만, 사람과 사물과 기억에 관해 쓰는 일의 진실이 어디에 있는지는 모를 일이다.

이 글을 쓰려고 책상에 앉기 전에 나는 머리를 감았다. 엄마 어디 가? 출근하지 않는 주말에는 머리 감는 일이 별로 없다는 걸 아는 딸아이가 물었다. 미쳤나보다. 딸아이의 그 말을 듣자마자 나는 이상한 기분에 휩싸였다. 이게 뭐지, 이게 뭐지, 그러다가 기억해냈다. 내가 어렸을 때 엄마가 머리를 감고 나갔다가 한 달 동안 안 들어온 적이 있다는 사실을. 엄마 어디 가? 딸아이한테 그런 질문을 받는 나는 엄마인데, 그 엄마의 몸으로 고스란히 딸아이였던 시절에 엄마가 머리를 감고 나갔기 때문에 겪었던 상실을 겪는다. 기억은, 특히 몸으로 떠올리는 기억은 언제 어디서 튀어나올지 모른다. 이제부터 나는 주말 아침에 머리를 감을 때마다 어린 시절 머리를 감고 나갔던 엄마를 떠올리게 될 것이다. 그 순간의 통증을 몸으로 고스란히 겪게 두고 싶지는 않다. 그래서 나는 또 그 일을 문장으로 옮겨 적는다.

이 얘기는 절반만 사실이다. 사실과 사실 사이에 약간의 거짓이 들어 있다. 나는 타이핑하는 속도가 빠르고 그 속도에 맞게 문장을 적어나가려면 사실에 가깝게, 있었던 그대로 문장을 적는 방식으로는 안 된다. 이게 사실에 부합하는지 확인할 겨를이 없다. 멈추고 싶지 않다. 멈추지 않고 쓰다 보면 뭔가가 끼어들고 그 뭔가가 끼어드는 데는 다 이유가 있겠지. 아니면 나는 그냥 멈추고 싶지 않아서 단어와 단어를 문장과 문장을 연결해주는 일정한 패턴 감각에 의존했는지도 모르겠다. 어느 정도 거짓을 적었다.

우리에게 일어나는 일

급식 먹고 사무실로 돌아오다가 다른 사무실에서 나오는 사람의 뒷모습을 봤는데 그 사람이 들고 있는 건 화분이었고

(아, 오늘은 비가 오니까)

그러면서 나도 모르게 그 사람의 뒤를 따라가서 그 사람이 중앙 현관 측면으로 나 있는 화단에 화분 내려놓는 걸 봤다. 그걸 거기까지 따라가서 가만히 보고 있는 나 때문에

숙였던 허리를 펴던 그 사람이 뒤돌아설 때 너무 놀랄까봐

아까는 속으로만 했던 말을 바깥으로 들리게 했다. 아무래도 비가 오는 날이니까요. 그랬더니 그 사람이 정말 놀라고 그다음에는 막 웃으면서

내가 거기 있다는 걸 알아차렸다.

나만 알고 지내는 사람

지금도 그 장면을 생각하면 나뭇잎 사이로 쏟아지는 빛을 차단하기 위해 손을 들어 올려야 할 것 같지만 그때는 미처 정신을 차리기도 전에 웃음소리가 들려왔다. 너에게 할당된 표정은 그거 하나라는 듯이 너는 웃었고 막 웃으며 먼저 뛰어가 손짓하는 너를 앞에 두고 느릿느릿 사람들이 걸어가고 있었다. 그때 내가 장면 안에 있었는지 밖에 있었는지는 불분명하다. 처음엔 어디서 많이 본 장면 같아 믿지 않았다. 이게 내가 꾸고 있는 꿈이라는 걸 믿지 않았고 손짓하는 너를 내가 알고 있다는 사실을 믿지 않았다. 그리고 지금은 이 모든 게 내 오랜 노력의 결실이라 믿는다. 말하자면 나는 나를 본 것이다. 내가 어떤 사람인지 몰라서 참 어리석다고만 생각하며 지내왔는데 내가 모르고 있던 나는 환하면서도 다정하며 막 웃음을 터트리는 사람이었다. 웃음은 참 그렇다. 내가 꿈에서 본 이 장면을 수많은 꿈들 중의 하나로 치부하지 않고 이렇게 소환하는 까닭은 웃음과 관련 있다. 웃음소리가 들리기 시작하면 장면이 떠오르고 웃음소리로 인해 장면에 실감이 부여된다. 운동성이 생겨난다. 빛과 빛이 부딪치고 색과 색이 스며드는 가운데 모든 게 조금씩 움직인다. 그러면 모두가 너를 사랑하면서 몰려가는 여름이라는 장면이 활성화되고 언제든 나는 내가 원하는 나를 볼 수 있다.

    이런 일도 있었다. 날이 추워서 집 안 공기가 찼던

어느 겨울날 오후였다. 이를 닦다가 고개를 들어 거울을 봤는데 이건 뭐지 싶었다. 입고 있는 옷과 내가 어울리지 않았다. 어떻게 그렇게 어울리지 않는 옷을 입고 있는 걸까. 이 옷은 왜 나한테 그렇게 안 어울리며 그런 옷을 잘도 사서 입었을까. 부드럽고 따뜻하며 가벼운 데다가 드러난 목을 살짝 감싸주기 때문에 요즘 같은 날씨에 실내에서 입기엔 더할 나위 없는 옷임에도 거울이 구성해서 보여주는 모습에서 나는 위화감을 느꼈고 조금 무서웠다. 다른 사람 같았다. 더 정확하게는 내가 받아들일 수 없는, 한 번도 상상해본 적 없었는데 그렇게 되어버린 나였다. 그걸 나라고 할 수 있을까. 거울 앞에 나를 세워두고 내가 나라는 사실을 납득할 수 있을 때까지 다른 옷을 입혀보았다. 넥 라인이 너무 올라가 있었나. 잿빛이 도는 크림색이라 그런 걸까. 나한테 있었던 크림색의 미묘한 차이에 대한 감각이 이제 사라진 걸까. 이것저것 시도해봤지만 잘되지 않았다. 어떤 옷은 그 사람의 내적 성질과 미적 가능성을 차단하기도 하는구나. 그리고 한 번 흐름을 놓치면 되돌려지지가 않는구나. 딴생각을 하며 거품을 내다가 비누를 놓쳤을 때처럼 나는 나를 놓쳤다는 걸 알게 됐다.

    어느 날엔 네가 전화를 걸어 이런 말을 하기도 했었지. 여기 너처럼 옷 입은 사람이 많아. 너는 이국의 낯선 도시에 있었고 나는 너의 말을 듣고는 쿡쿡 웃었다.

내가 어떻게 옷을 입는 사람인지 네가 인지하고 있는 게 좋아서 웃었고 네가 거리에 나와서 한 일이라는 게 사람들을 보며 나를 떠올린 것이라서 웃었다. 말이 나온 김에 더 얘기해보자면 너와 만나는 동안 나는 자연스럽게 나를 발굴하고 있었던 것 같다. 오늘 같은 날씨에 딱 맞는 가디건을 아무렇지 않게 걸친다거나, 단조로운 산책로를 걷기로 했을 때 재미있는 색감의 레이어드를 구성해낸다거나, 출근 버스에서 내려 초등학교 운동장을 가로지른 후 언덕을 오르는 습관을 지닌 내 뒷모습을 네가 놓치지 않을 만큼의 스타일을 갖춘다거나 하는 것 말이다. 옷을 차려입는 일과 나의 내밀한 개성이 분리되지 않는 어떤 순간을 경험하고 있었다고 할 수 있다. 옷과 나는 잘 어울렸다. 내 마음속에서 무슨 일이 일어나고 있는지는 내가 입고 있는 옷을 보면 쉽게 확인할 수 있었을 것이다. 그렇게 내가 이미 경험한 나인데, 특별히 의식하지 않으면서 나와 딱 맞는 나를 구현할 수 있었는데, 나중에 나를 놓치는 일은 왜 발생하는 걸까. 네가 다른 곳을 보게 되었을 때, 이후로 시간이 많이 흘렀을 때, 나를 사로잡은 의문은 그런 것이었다.

나는 여기에만 있지 않다. 여기 말고도 몇 군데 장소에 더 있는데 그건 내가 나를 두고 와서 그렇다. 여수에서 아침 기차를 타고 순천역에 도착해 다시 버스를 타고 선암사까지 간 날의 일이다. 나는 바람이 드문 장소를 찾아 두리번거리다 나무 의자를 발견하고는 거기 앉는다. 한겨울이라 좀 춥다. 가늘게 볕이 내리쪼이고 있어 가끔 실눈을 뜨다가 외투를 여미고 잠이 들었는데 여수에서는 한잠도 못 잤기 때문이다. 자는 나를 보며 이제 그만 내버려두는 게 좋겠다는 생각이 들었고 천천히 일어나 집으로 돌아왔다. 그런 식으로 나는 김유정역 역사에도 앉아 있고 동강가 벤치에도 앉아 있으며 중앙공원 한산 이씨 생가 터 앞에 앉아 있기도 하다. 늘 두고 오는 건 아니라서 나는 내가 어디 있는지 웬만하면 기억할 수 있다. 그냥 두고 올 수 없어서 데리고 돌아온 적도 있다. 빌려 온 책을 가져다주겠다고 버스정류장에서 너를 기다렸던 어느 날이다. 네가 나오지 않아서 책만 두고 왔다. 그날의 나를 버스 정류장에 두고 왔더라면 너한테나 나한테나 못할 짓이었겠지. 그런 게 생각난다. 나한테 가혹한 너에게 가혹하게 구느라 내가 나를 얼마나 괴롭혔는지. 너한테 가혹하게 구는 나한테 심하게 구느라 너는 또 너를 얼마나 괴롭혔을까. 그러느라 아직 돌아오지 못하고 있는 나를 가끔 떠올린다. 살겠다고 꾸역꾸역 돌아와 밥을 먹고 커피를 마시고 이를 닦다가 거울을 보는 나는 옷 입는 감을 잃어버린 사람이 되었지만, 네가 했던 이런 말도 떠오른다. 넌 참 환하게 웃는다. 그래서 알았지. 내가 환하게 웃는 사람이라는 걸. 나는 너한테 무슨 말을 해줬을까. 내가 해준 그

말 때문에 너는 얼마큼 변했다가 다시 제자리로 돌아갔을까.

너를 그만 만나기로 했을 때 무서웠던 건 너를 잃는 것이었는데 지금은 또 다른 생각이 든다. 정말 두려웠던 건 나를 잃는 게 아니었을까 하는. 너를 만나는 동안 발굴해낸 나를 더 이상은 대면하지 못할 것이라는 두려움. 나한테 딱 맞는 나, 막 웃으며 어서 오라고 손짓하는 나, 어딘지도 모르는 거기를 빛으로 색으로 활성화시키고 있는 나, 어디에서 시작해 어디로 가는 길인지도 모르면서 뒷걸음으로 활약하는 나, 그렇게 많이 걸어도 더 걷고 싶어 계속 걷고 있는 나, 누군가의 시선을 의식하면서 그게 그렇게 좋은 나, 무슨 말을 들어도 그 말이 나의 털끝 하나 건드리지 못하게 반사를 할 줄 아는 나, 빛나는 나. 그런데 뭔가 좀 이상하다. 내가 열거한 '나'는 너를 만나는 동안의 나였던 걸까, 아니면 꿈속에서 대면한 나인 걸까. 나는 어떻게 끝날지 궁금해하며 이 글을 시작했고 이제 거의 끝나간다. 그리고 내가 잊었던 장면 하나를 떠올린다. 잠깐 화장실에 다녀오겠다고 한 네가 오지 않아서 찾아갔다가 전화기 너머를 향해 웃고 있는 너를 발견하고는 너무 놀라 도망치듯 자리로 돌아왔던 기억. 너도 웃을 수 있고 그게 내가 아닌 다른 사람을 향할 수도 있다는 사실을 알게 된 어느 날에 대한 기억. 그 기억으로 인해 꿈속에서 웃고 있는 나를 만나게 된 건지도 모르겠다. 누구든 웃을 수 있고, 어디서든 웃을 수 있다는 이해에 다다르느라 그 많은 장소에 나를 두고 왔고, 두고 온 나를 어떻게 해야 할지 몰라서 어려웠다는 것. 그러니까 역설적으로 나를 두고 왔기 때문에 한 번도 나를 생각하지 않을 수 없었고, 결국은 나한테 딱 맞는 나를 찾아낸 것일 수도 있다. 어느 날 거울을 보다가 납득할 수 없는 나를 보게 되더라도 어디서든 웃고 있는 내가 있다는 사실을 잊지 않으려고 말이다. 그러니 이렇게 끝내는 게 바람직할 것 같다. 누구라도 웃을 수 있었으면 좋겠다.

에필로그　　　　　남겨놓은 것

낮에 천변을 걷지 않았으면, 벌초꾼들이 풀을 깎다가 일정 부분 남겨놓은 걸 보지 않았으면, 이 글은 시작되지 않았을 것이다. 문장으로 시작하지 않으면 모르는 부분이 남는다. 천변의 풀들은 풀로 자라다가 잘려나갔을 거라고 생각되지만 오늘 관찰한 바에 따르면 목질화되다가 잘려나간 것도 있었다. 나무가 되려다가 잘려나간 풀들은 거칠게 잘려나갔다. 그 거친 부분은 벌초꾼들이 풀을 깎아나가다가 일정 부분 남겨야겠다는 결심을 하게 된 계기처럼 보였다. 여기까지 적는 동안 나는 문장 몇 개를 쳐냈다. 문장이 제멋대로 다른 문장을 데려와서 그랬고, 문장과 문장 사이에 고여 있던 감정이 흘러넘치려 해서 또 그랬다.

살던 동네를 떠나던 날 대문 밖에는 트럭이 와 있었다. 동네 사람 몇몇도 와 있었다. 어떻게 그렇게 됐는지 의아하지만 그날 나는 집을 빠져나와 동네 애들이 아카시아 숲이라고 부르는 곳으로 갔다. 처음부터 그 나무를 염두에 두고 거기까지 갔는지도 확실하지는 않다. 앞에까지 걸어가 멈췄을 때 내가 무얼 하려는지 알았을 뿐이다. 그 나무는 비스듬하게 자라서 엎드리기에 좋은 나무였다. 문장으로 적다 보니 거칠한 나무 등걸에 닿던 뺨의 감촉이 느껴지는 듯하다. 동네로부터 희미하게 말소리가 들리는 것도 같다. 나는 어느 순간 나무 위에 엎드려 잠들었다. 잠들었다고 생각했다. 그리고 거기 엎드려 잠든 나를 남겨두고 집으로 돌아와 이삿짐 트럭을 타고 도시로 나왔다. 그때부터였던 것 같다. 나를 남겨두고 왔다는 생각에 빠지기 시작한 건. 한 번 그런 생각을 하니까 멈출 수가 없었다. 곳곳에 내가 나를 너무 많이 남겨놓아서 생활이 잘 안 되는 거라고. 생활을 하려면 나를 데려와야 한다는 그런 마음으로 글을 쓰고 있었던 것도 같고. 이제는 이런 말을 할 때가 된 것도 같다. 엎드려 잠든 그 애한테 그만 일어나서 이쪽으로 건너오라는, 그런 말을 나는 하지 않기로 한다고. 나는 거기에도 있고 여기에도 있다고. 뭔가를 남겨놓을 수밖에 없었던, 남겨놓는 능력을 지녔던 어린 시절의 내가 있고 그걸 기억하는 내가 있는 거라고.

비가 오는 날이었다. 그날만 온 게 아니라 며칠째 비가 오고 있었다. 내가 한동안 살았던 마을에서 지금 내가 살고 있는 마을로 한 사람이 오겠다고 했다. 그래서 나도 집 밖으로 나갔다. 며칠 동안 비가 와서 길 군데군데 웅덩이가 파였고 경사가 난 길로는 빗물이 흘러내렸다. 웅덩이를 피해 가며 흐르는 빗물에 발을 적셔 가며 걷다가 여름풀이 무성하게 자라난 샛길로 빠졌다. 그냥 길이 나 있는 길을 한참 걸었을 뿐인데 그렇게 되었다. 얼굴이 달아오르고 젖은 머리카락이 덥혀지는 느낌이 들어 주위를 둘러보니 비가 그쳐 있었다. 해가 내리쬐고 있었다. 벌레가 윙윙 날아다녔다. 내가 살던 마을에서 온 사람과 나는 무슨 벌레처럼 풀숲을 지나다녔다. 풀숲에 풀처럼 서 있기도 했다. 여름 한복판에 서 있구나, 그런 말을 한 사람은 없었지만 여름이 끝났을 때는 그

때가 여름 한복판이었다는 사실을 모를 수 없었다. 비가 그친 풀숲에 얼마나 많은 벌레가 있는지도 그때 알았다. 풀숲에서 나왔을 때는 살갖이 가려웠다. 가렵지 않은 곳이 한 군데도 없어서 그날 내가 무슨 짓을 하고 돌아다녔는지 곱씹어야 했다.

동네 공원에서 두 사람이 대화 나누는 소설을 다시 펼쳤다. 두 사람의 대화를 따라가면서 여기에는 두 사람과 대화를 엿듣는 나, 이렇게 셋이 있다고 생각할 무렵에 서술자가 나타났다. 나는 화들짝 놀랐다. 내가 서술자인 것처럼 소설을 따라가고 있었기 때문이다. 서술자한테 나를 들킨 것만 같았다. 시치미를 떼고 조금 더 읽어나갔다. 어느 순간 나는 소설 속 서술자를 또 잊어버렸고, 잊어버렸던 서술자가 다시 나타나 날씨 얘기를 하는 부분에서 내가 서술자가 아니라는 사실을 받아들여야 했지만 더는 상관없다고 생각했다. 어느 순간 나는 내가 이 소설을 끝낼 생각이 없다는 걸 알았는데 그

건 내가 소설 속 문장을 따라가는 한편 생활을 계속해 나갔기 때문이다. 방심을 안 한 건 아니다. 소설 속 서술자한테 휘말려 끝까지 다 읽을 뻔한 적도 있었다. 다 읽지 않고 빠져나올 수 있었던 건 중간에 어떤 생각이 떠올라서다. 옆자리 동료가 추천해준 미용실에 가 커트하겠다는 게 그것인데, 그 미용실은 내가 한 번도 가본 적 없고, 옆자리 동료가 이십 년째 다니고 있으며, 한 사람이 한곳에서 한 가지 일에 몰두하고 있다는 게 뭔지 보여주는 미용실이었다. 동료가 이십 년째 살고 있는 마을에 있다고 하니 한 번도 가본 적 없는 나는 동료가 퇴근할 때 따라가면 되겠다고 생각했다.

미금에 모이기로 해서 미금까지 가는 버스를 타러 정류장으로 나갔다. 미금까지 가려면 한 시간은 걸리기 때문에 스마트폰으로 단편소설 하나를 읽기 시작했다. 소설이 괜찮으면 뭔가에 써먹으려는 생각을 갖고 있었기에 중간에 멈추지 않으려 했지만 미금에 같이 모이기로 한 사람 중 하나인 그가 내 어깨를 건드렸을 때는 뒤를 돌아보지 않을 수 없었다. 그와 내가 같은 마을에 살고 있다는 걸 잊은 건 아닌데 그래도 같은 버스를 타게 되니 신기했다. 그와 나란히 앉게 되면 읽기 시작한 소설을 계속 읽어나갈 수는 없겠구나, 그런 생각을 하고 있었는데 그날따라 승객이 많았다. 나는 뒤로 밀려들어갔고 그는 앞에 버티고 서 있었다. 이렇게 된 이상 읽던 소설을 마저 읽는 것보다 나은 건 없어 보였다. 버스에는 사람이 많았고 단편소설에서는 바람이 많이 불었다. 그와 내가 탄 버스는 특정 구간에서 사람들 대부분이 내리는 버스긴 했지만 그도 거기서 내릴 줄은 몰랐다. 아무리 둘러봐도 그의 뒤통수가 안 보였다.

내렸어요?

안 내렸어요?

이거 미금까지 가는 버스인데요?

버스보다는 지하철이 빠르잖아요.

그렇게 생각할 수도 있겠구나. 이따가 미금에서 만

나자는 말을 하고 단편소설을 마저 읽었다. 나는 이 소설을 지나가는 방법에 관한 소설로 읽었다. 실제 건물 풍 사이를 유영한다든지 대단지 건물을 빙 돌아 걷는다든지 그런 내용이 나와서만은 아니고 열거법 때문이다. 열거법이 반복되고 있다는 걸 눈치챈 다음엔 소설을 처음부터 다시 읽기 시작했다. 열거가 대체로 그렇듯이 같은 계열의 대상들이 나열되다가 어느 순간부터는 조금씩 성질이 다른 것들이 뒤섞였고 나중에는 서사가 이만큼이나 진행된 마당에 같이 나열되지 못할 게 어디 있겠어, 그런 태도로 열거가 진행되고 있었다. 이건 정말이지 내가 지나칠 수 없는 진행이라서 미금까지 가지 않고 중간에 먼저 내린 그가 나를 웃게 만들었던 것만큼이나 웃을 수 있었다. 나는 웃으면서 버스에서 내렸고 나보다 조금 늦게 도착한 그를 만나 더 웃었다.

텍스트 기억 연습

1판 1쇄 펴냄 2025년 11월 18일

지은이 임승유
펴낸이 손문경
편집 이기리, 서윤후, 정채영
디자인 정유경, 김정현, 한유미

펴낸곳 아침달 | 출판등록 제2013-000289호
주소 04029 서울시 마포구 양화로7길 83, 5층
전화 02-3446-5238 | 전자우편 achimdalbooks@gmail.com

ⓒ임승유, 2025
ISBN 979-11-94324-55-3 03810

이 도서의 판권은 지은이와 출판사 아침달에 있습니다.
양측의 서면 동의 없이 책 내용의 전부 혹은 일부의 재사용을 금합니다.

* 책값은 뒤표지에 있습니다.